격랑의 통화패권 전쟁

달러의 시대는 저무는가?

격랑의 통화패권 전쟁

달러의 시대는 저무는가?

이철환 지음

다락방

머리말

　최근의 세계 질서는 극심한 혼돈에 빠져 있다. 20세기까지만 해도 세계는 미국의 강력한 리더십 아래 그럭저럭 평화를 유지하는 소위 '팍스아메리카나(Pax Americana)'를 구가해 왔다. 그러나 21세기로 들어서면서 상황이 완전히 달라지고 있다. 그 모멘텀은 다름 아닌 중국의 급속한 부상이다.

　중국은 1970년대 후반부터 개혁과 개방의 기치를 내걸고 자본주의식 경제체제를 도입한 이후 눈부신 경제 발전을 이루어왔다. 특히, 2000년대 들어 값싼 노동력을 바탕으로 세계의 공장 역할을 하면서 비약적인 발전을 가져왔다. 그 결과 중국의 2022년 GDP 규모는 19.4조 달러로, 미국의 26.8조 달러에 이어 세계 제2의 경제대국으로 자리매김하고 있다. 세계 경제에서 차지하는 비중도 1980년 당시에는 2.1%에 불과하였으나, 2022년에는 18.3%로 확대되었다.

　중국은 이처럼 커진 경제력을 바탕으로 국제 사회 무대에서 존재감을 키워오고 있다. 경제는 물론이고 군사, 외교, 과학기술 등 거의 모든 분야에서 미국과 경쟁하는 존재가 된 것이다. 심지어 우주개발 분야에서도 미국을 위협하는 세력으로 성장하였다.

이러한 중국의 거침없는 행보에 위기를 느낀 미국은 대대적인 반격에 나서서 국제 질서의 판을 새로이 짜기 위한 작업에 착수하였다. 한마디로 중국 때리기에 나선 것이다. 이 과정에서 미국은 동맹을 규합하여 세력을 과시하거나, 심지어 편 가르기와 줄 세우기 방식까지 감행하고 있다. 이는 새로운 강국이 부상하면 기존의 패권국이 두려움을 느끼고 실력행사를 하게 된다는 이른바 '투키디데스 함정(Tuchididdes trap)'이론이 작동하는 것으로 여겨진다.

미국과 중국의 갈등이 현실화된 첫 번째 장면은 양국 간의 무역전쟁이다. 미국의 트럼프 대통령은 중국으로부터 수입하는 상품에 25%의 관세를 부과하였고, 아울러 환율 조작국으로도 지정하였다. 뒤를 이은 바이든 대통령은 한술 더 뜨는 장면을 연출하고 있다. 중국의 '기술굴기(技術崛起)'를 막기 위해 동맹국들과 힘을 합쳐 반도체 규제에 나선 것이다. 이는 미래의 세계 패권을 가늠하는 가장 중요한 게임체인저(Game changer)는 기술 혁신에서 나올 가능성이 크기 때문에 취해진 조치이다.

이런 연장선상에서 통화 패권전쟁이 벌어지게 되었다. 중국 위안화가 달러의 기축통화 패권에 도전장을 내면서 서로 간의 치열한 공방이 이어지고 있다. 이는 기축통화가 되면 경제적 이득뿐만 아니라 국가 위상 제고에도 커다란 도움이 될 것이란 생각에서 비롯되었다. 이런 관점에서 세계 각국은 자국 통화가 기축통화 지위에 오를 수 있도록 과거에도 그랬고 지금도 여전히 엄청난 노력을 기울이고 있다.

기축통화의 역사를 뒤돌아보면, 제1차 세계대전 전까지만 해도 영국의 파운드화가 그 역할을 해왔다. 그러나 영국의 경제력이 쇠퇴하면서 기축통화로서의 파운드화는 운명을 마감하게 되었고, 대신 미국 달러화가 그 자리를 차지하게 되었다. 이후 지금까지 달러화는 기축통화로 역할하면서 세계 경제 활성화에 크게 이바지해 왔다. 물론 중간중간에 엔화와 유로화의 도전이 없지 않았으나 큰 무리 없이 고비를 넘겼다.

그런데 최근 위안화가 급속히 부상하면서 과거와는 완전히 다른 양상을 보이고 있다. 일본과 유럽은 미국과 협력과 경쟁을 하는 가운데 상호공생 관계를 유지할 수 있었다. 그러나 중국은 많은 면에서 미국과 적대적 관계가 강하다. 더욱이 중국은 미국과 척을 지고 있는 러시아와 브라질 등 브릭스(BRICS) 국가와 연대하여 '탈달러'와 위안화의 부상을 도모하고 있다. 여기에 최근 미국과 소원한 관계에 있는 사우디아라비아와도 '페트로 달러(petro dollar)' 대신 '페트로 위안' 체제 구축을 논의하고 있다.

중국의 경제력은 앞으로 점점 더 커져서 언젠가는 미국을 추월할 수 있을 것으로 예견된다. 그런 과정에서 위안화의 위상도 덩달아 더 커질 것이다. 여기에 제2의 기축통화인 유로는 EU 내부에서 비롯된 여러 요인으로 제대로 힘을 못쓰고 있다. 또 엔화도 잃어버린 30년의 함정에서 벗어나지 못하면서 퇴조 현상을 나타내고 있다. 더욱이 중국이 주도하는 BRICS 체제가 앞으로 더 견고해지고 확장된다면 미국 주도의 기존 국제 경제 질서는 힘을 잃게 될 것이다.

이런 혼돈의 틈바구니에서 금과 비트코인을 위시한 암호화폐가 진가를 나타내고 있다. 이들은 금융위기나 코로나 팬데믹(pandemic) 기간처럼 법정화폐가 불안한 모습을 보이면 확실한 대체재로서 역할을 해오고 있다. 특히 현재 각국이 개발에 심혈을 기울이고 있는 디지털화폐는 향후 통화 질서를 송두리째 바꾸어 놓을 가능성도 없지 않다. 다만, 아직은 이들이 태생적으로 지닌 공급량의 제약, 정부 규제 강화, 빅브라더(Big Brother) 논란 등 여러 가지 요인으로 인해 완전한 기축통화로 발돋움하기는 어렵다고 보는 견해가 지배적이다.

이와 같은 복잡하고 혼란스러운 국제통화 질서의 변화는 우리 경제와 통화정책 운용에 커다란 영향을 미치게 될 것이다. 이는 통화 갈등의 최정점 당사국인 미국과 중국은 세계 최대 경제대국이면서, 또 우리나라와 대외거래 1~2위의 파트너이기 때문이다. 양국의 통화 가치 변동은 자연히 우리나라 환율과 수출에 영향을 미칠 것이고, 외환 보유고 구성 등 외환 정책에도 영향을 주게 된다. 또 최근 위상이 커지고 있는 금과 디지털화폐의 향방 또한 적지 않은 파급력을 미칠 것이다. 우리는 이처럼 거세게 휘몰아치는 통화전쟁의 파고를 슬기롭게 헤쳐 나가야 한다.

이를 위해서는 기본적으로 원화의 내재가치인 우리의 경제력을 키워가야만 한다. 그 방편은 기술력을 강화하고 전문인력을 양성하는 한편, 경제사회시스템을 혁신하는 것이다. 아울러 장기적 시야를 지니고 이러한 구조적 변화에 대비하면서 능동적으로 대응해 나가야 한다. 이 과정에서 전략적인 사고와 세련된 외교역량이 필요하다.

7장으로 구성된 이 책은 이러한 국제통화 질서가 변화해 나가는 상황을 체계적으로 이해할 수 있도록 정리한 것이다.

필자는 오랜 경제관료 생활을 거쳐 대학과 연구소 등에서 거시경제와 금융 분야 업무를 계속해 왔다. 이 과정에서 습득한 지식과 경험을 바탕으로 다양한 연구논문과 언론 자료를 참조하여 이 책을 썼다. 나름 쉽게 기술하려고 노력하였지만, 여러 가지 미흡한 점이 많다.

아무쪼록 이 책이 격동의 세계를 살아가는 우리 모두의 경제활동에 조금이라도 도움이 되었으면 하는 기대와 바램을 가져본다. 아울러 한국 경제의 발전과 통화 질서의 안정에도 이바지할 수 있기를 소망한다.

2023년 7월
금융연구원 연구실에서

목 차

제 1 장

통화, 환율, 금리의 이해

1 통화의 발전 과정과 세계의 주요 통화

통화 즉 돈은 인간의 가장 위대한 발명품 가운데 하나다. 돈은 이 세상을 움직이는 활력소다. 상업과 무역을 촉진하고 가치를 축적하는 수단이며 상대적 가치의 본질적 척도이다.

원래 돈의 어원은 고대 로마의 여신 주노(Juno)를 모신 신전의 이름인 모네타(Moneta)에서 유래되었다고 한다. BC 269년 로마인이 그녀의 사원에서 최초 주화인 동전(coin)을 만들었는데 그 동전에 모네타의 이름이 붙여졌고, 그 말이 변해서 머니(Money)가 되었다고 한다.

우리나라에서는 화폐를 '돈'이라고 한다. 이의 어원은 금, 은의 무게 단위인 돈(錢)에서 왔다는 설과, '화폐는 돌고 돈다'에서 '돈'이 왔다는 설이 있다. 한 돈은 약 3.7301g이다.

돈은 처음에 물품화폐에서 시작되어 이후 금속화폐와 종이돈을 거쳐 이제는 점차 전자화폐와 가상화폐로 발전해 가고 있다. 화폐가 나오기 전인 아주 오랜 옛날에는 농사도 짓고, 가축도 기르면서 자기가 필요한 물건들을 직접 만들어 썼다. 그러다 점차 생산력이 늘어나자 자신이 사용하다 남은 물건을 다른 사람이 사용하고 남은 물건과 바꾸어 쓰기 시작하게 되었다. 이처럼 물물교환이 빈번해지자 사람들은 서로가 원하는 물건의 종류, 품질, 양을 측량하기 힘들고 또 운반상의 불편을 느끼게 되었다.

이에 공통으로 사용하는 기준물품이 있으면 좋겠다는 생각을 하게 되었다. 그리하여 곡식이나 가축처럼 생활필수품을 물품화폐로 사용하였다. 그러나 이런 물품은 생산량에 따라 가치가 바뀌기 때문에 나중에는 비교적 가치가 일정하고 보관과 운반이 쉬운 조개껍질, 옷감, 농기구, 장신구 등을 돈으로 사용하였다. 이런 것들을 '물품화폐' 또는 '자연화폐'라고 한다.

이 시기에 좀 더 구체적인 화폐로 쓰인 것은 소금이다. 소금은 AD 1세기까지 아시아, 아프리카에서 화폐로 쓰였으며, 로마 군인에게 지급된 급료이기도 했다. 오늘날 급여생활자(샐러리맨, salaried man)의 어원도 salt(소금)에서 유래한 것으로 보며 봉급이 짠 이유가 이 소금의 본성 때문이라는 우스개도 생기게 되었다.

그 이후 금속제련 기술과 수공업 기술이 발달함에 따라 금·은·동의 유통량이 많아지면서 이들이 보편적인 돈의 역할을 하였는데, 이것이 '금속화폐'이다. 화폐가 제대로 기능하려면 접근이 용이하고 그 양이 충분하며 내구성이 길어야 한다. 또한, 대체성이 있고 쉽게 소지 가능하며 신뢰할 만한 대상이어야 한다. 금이나 은, 청동 같은 금속은 이기준을 대부분 만족시켰기에 수천 년 동안 이상적인 화폐로 활용되고 있다.

이후 동전의 생산기술이 발전함에 따라 화폐 주조소 또한 점차 체계적인 모습을 갖추게 되었고 이것이 그리스와 로마 제국으로 이어졌다. 그리스문명을 계승한 로마제국은 단일통화를 사용했다. 제국의 경영에는 막대한 경비가 소요되었다. 특히 군인들에게 보수를 지급하는 수단으로 화폐가 요긴하게 사용되었다. 동아시아에서는 기원전 3세기 중국의 최초 제국인 진(秦, Chin)에서 발행한 엽전이 각국으로 퍼져나갔다.

그러나 경제 규모와 돈의 유통량이 절대적으로 커지게 되자 금속화폐만으로는 감당하기가 어려워졌다. 그리하여 마침내 정부의 권위를 배경으로 한 화폐가 등장하게 되었는데, 이것이 바로 종이화폐다. 그러나 종이화폐는 금속화폐와 달리 액면가치보다 훨씬 낮은 소재가치를 지니고 있기에 발권 당국의 강력한 신뢰가 뒷받침되어야 한다. 종이화폐 외에도 은행권, 어음, 수표 등이 보조화폐로 활용되고 있는데, 이들을 총칭하여 신용화폐(信用貨幣)라고 한다.

돈은 놀라운 속도로 발전해가고 있다. 지금도 빠른 속도로 발전하면서 전자기술과 인터넷의 발달로 동전과 지폐를 역사의 뒤안길로 밀어내고 있다. 이제 물리적 돈을 매개하지 않고도 상거래가 가능해지면서 전자화폐와 가상화폐가 등장하고 있다.

한편, 이 세상에는 얼마나 많은 종류의 돈이 있으며, 또 세상에서 가장 많이 사용되는 화폐는 무엇일까? 유로화처럼 다수국가들이 단일통화를 쓰는 경우도 적지 않지만 통상 지구상의 모든 나라는 저마다 자국의 돈을 가지고 있다. 그러다 보니 이 세상에는 1백 종류 이상의 화폐가 존재하고 있다. 그중에서도 미국의 달러는 세계에서 가장 널리 통용되는 화폐이다.

'미국 달러(American dollar)'는 미국이란 나라의 막강한 경제력을 배경으로 세계 기축통화로 통용되고 있다. '기축통화(key currency)'란 국제간 결제나 금융 거래의 기본이 되는 화폐를 말한다. 이로 인해 몇몇 국가들은 미국 달러를 공식화폐로 사용하기도 하고, 어떤 국가들은 사실상의 통화로 달러를 사용하기도 한다. 미국 달러는 기호인 $로 축약하여 나타내며, 캐나다나 호주 등 다른 나라의 달러들과 구분하기 위해 'US $'라고 쓰기도 한다.

미국은 영국의 식민지배를 받던 시기는 물론 1776년 독립선언 후 1783년 '파리조약'에서 독립이 승인될 때까지도 독립적인 화폐체계를 갖추지 못하고 영국, 스페인, 프랑스 등의 외국 화폐를 사용하고 있었다. 그러다 1792년 달러가 만들어져 사용되기 시작하였다. 이후 1913년 출범한 연방준비이사회(FRB, Federal Reserve Board)에 의해 연방준비지폐(FRN)가 발행되면서부터 달러가 미국의 공용통화로 자리 잡게 되었다. 그리고 제2차 세계대전이 끝난 뒤로는 달러화가 세계적으로 통용되는 기축통화로 사용되고 있다.

유럽연합(EU)의 공식화폐인 유로화(Euro, €)는 1999년 1월부터 화폐 실물이 없는 가상화폐로 처음 등장했다. 그러다 2002년 1월 1일부터는 독일·프랑스·이탈리아 등 유럽연합(EU, European Union) 12개국에 화폐 실물이 공급되면서 일반 상거래 수단으로 통용되기 시작했다. 이로 인해 독일의 마르크화, 프랑스의 프랑화, 이탈리아의 리라화, 그리스의 드라마크(drachma)화 등 그동안 EU 가입국들이 독자적으로 사용하던 화폐는 역사의 유물로 남게 되었다.

다만, EU 회원국이라고 해서 모두가 유로화를 사용하는 것은 아니며, 총 27개 회원국 중 현재 유로화를 사용하는 나라는 20개국이다. 스웨덴·덴마크·폴란드·헝가리·체코·루마니아·불가리아 등 7개 EU 회원국은 아직도 자국 화폐를 사용하고 있다. 미국과 버금가는 경제력을 바탕으로 Euro는 국제시장에서 달러에 이어 두 번째로 많이 통용되고 있다.

중국의 공식화폐는 인민폐(런민비, 人民幣)이며, 기본단위는 원(위안, 元, CNY)이다. 보조단위로 각(지마오, 角)과 분(펀, 分)이 사용되고 있다. 1원은 10각, 1각은 10분에 각각 해당한다. 인민폐인 위안화는 지난 세기 말까지만 해도 완전히 거지화폐 취급을 받았다. 통화 가치가 낮은 데다 중국인들이 돈을 험하게 썼으니 그럴 만도 했다. 하지만 지금은 완전히 달라졌다. 불과 20년 전만 해도 해외에서 위안화를 받는 곳은 동남아 일부 국가를 제외하고는 거의 없었다. 그러나 지금은 아프리카에서도 통용될 정도로 인기 있는 화폐가 되었다.

더욱이 국제통화기금(IMF)은 2016년 10월부터 특별인출권(SDR) 통화바스켓에 위안화를 편입시켰다. 이는 IMF가 공식적으로 위안화를 국제통화로 인정했다는 의미이며 유로화를 제치고 달러와 세계 기축통화 자리를 놓고 다툴 정도로 위상이 높아졌다는 견해도 나오고 있다. 이는 갈수록 커지는 중국의 경제 규모와 영향력을 고려할 때 결코 과장된 주장만은 아니다.

이 밖의 주요 통화로는 일본의 엔(yen, JPY, ¥)화, 영국의 파운드(Pound, GBP, £)화, 스위스의 프랑(Swiss franc, CHF)화가 있다. 일본 엔화는 한때 달러화를 능가하는 위세를 보였으나, 1985년의 플라자합의(plaza accord) 이후 잃어버린 30년을 겪으면서 점차 퇴조하고 있는 형국이다.

파운드화는 달러화 이전의 기축통화였다. 영국은 1816년 최초로 금본위제도를 채택했다. 영국 중앙은행이 금을 보유하고 있으면서 그것을 파운드화로 바꿔주었다. 당시 영국의 무역 규모는 세계 전체의 약 60%를 차지했고, 런던 금융시장은 전 세계 투자 규모의 절반을 소화했다. 이에 따라 영국의 파운드화는 금을 대체할 수 있는 유일한 통화였다.

그러나 제1차 세계대전의 종전과 함께 사정이 달라졌다. 전쟁 비용을 마련하느라 각국이 돈을 너무 많이 찍어내면서 금본위제는 파탄이 났다. 결국, 영국은 1914년에 금본위제를 포기하겠다고 선언했다. 1931년에는 파운드화를 가져와도 바꿔줄 금이 없다며 금을 지급하지 않기로 했다. 그러나 지금도 영국의 1파운드는 1.3달러 수준을 유지함으로써, 달러 대비 가장 강세를 보이는 통화이다.

스위스 프랑은 스위스연방의 존재 이유가 될 정도로 강력한 화폐이다. 지금도 1스위스프랑은 1달러 선을 상회하고 있다. 또 스위스프랑은 세계에서 가장 완벽한 위조 방지 장치를 갖추고 있다.

기타 주요국의 통화로는 노르웨이와 덴마크의 크로네(krone), 스웨덴의 크로나(krona), 러시아의 루블(Ruble)화 등이 있다. 인도와 파키스탄, 스리랑카는 루피(Rupee)화를 사용한다. 이슬람 국가 중에는 사우디아라비아는 리얄(Riyal)화, 이란은 리알(Rial), 아랍에미레이트(UAE)는 디르함(Dirham), 이라크·쿠웨이트·요르단 등은 디나르(Dinar)화를 사용하고 있다. 그리고 브라질은 헤알(Real)화, 나머지 대다수 남미국가는 페소(Peso)화를 사용하고 있다.

우리나라의 현재 통화단위는 원이다. 해방 이후 두 차례의 화폐개혁이 단행되었다. 첫 번째는 1953년 2월 14일 긴급통화조치를 통해 이루어졌다. 이는 1945년부터 1952년까지 전쟁에 따른 생산 위축과 거액의 군비 지출로 물가가 400배 이상 폭등하는 상황이 빚어지자, 정부는 인플레이션을 수습하고 경제활동을 안정시키고자 화폐 단위를 기존의 '원'에서 '환'으로 바꾸면서 화폐 가치를 100대 1로 절하하였다. 두 번째 개혁은 1962년 '제1차 경제개발 5개년 계획' 공표에 맞춰 이뤄졌다. 당시 화폐 단위를 기존의 '환'에서 '원'으로 다시 되돌리면서 화폐 가치는 10분의 1로 낮추었다. 이처럼 두 차례의 액면 조정을 거쳐 최초의 한국은행권 1천원은 1원이 되었다.

2 기축통화의 개념과 이해득실

2008년 글로벌 금융위기 이후 미국은 경제 회복을 위해 6년 동안 '양적완화(Quantitative Easing)'란 이름 아래 약 4조 5천억 달러의 자금을 살포하였다. 경제 논리에 따른다면 양적완화 시책으로 달러가 증발하면 달러 가치가 하락하게 된다. 그러나 현실은 그렇지 않았다. 오히려 위기의 순간에는 안전자산을 선호하는 심리가 확산되면서 달러 가치가 안정되거나 오르기까지 했다. 또 2014년 10월 양적완화를 종료하자 신흥국 시장들은 출렁거렸다. 즉 그동안 신흥국 시장에 유입되었던 외국인 투자 자금들이 썰물처럼 빠져나가기 시작한 것이다.

왜 그랬을까? 바로 미국 달러가 기축통화이기 때문이다.

'기축통화(key currency)'란 국제 결제나 금융 거래의 기본이 되며, 금과 동격으로 국제 사회에서 널리 사용되고 있는 통화를 뜻한다. 이 기축통화의 가장 큰 역할은 무엇보다 세계 무역을 촉진하는 데서 찾을 수 있다. 이는 국제무역의 결제는 대부분 기축통화로 이뤄지기 때문이다. 그러나 기축통화는 단순히 무역 거래에서 쓰이는 것만을 말하는 게 아니다.

기축통화는 전 세계 중앙은행의 준비금으로 사용되어 글로벌 금융 시스템에 안정성과 보안을 제공한다. 아울러 기축통화는 개인과 기업의 가치 저장소 역할도 하고 있다. 즉 이들 각 경제 주체들은 자신이 보유한 자산이 인플레이션 및 기타 경제적 위험에 노출되는 것을 억제하기 위해 포트폴리오(portfolio) 차원에서 안전한 기축통화를 보유한다는 것이다.

그러면 기축통화가 되기 위한 조건은 무엇일까? 기축통화는 전 세계 어느 곳에서나 거래를 할 수 있어야 하며, 많은 금을 보유하여 높은 가치 담보성을 지녀야 한다. 세계적으로 통화 신뢰성이 높으면서 충분한 유통량을 지녀야 기축통화라 할 수 있다. 또한, 전 세계에서 일어나는 모든 경제활동을 원활히 뒷받침하는 풍부한 유동성을 공급할 수 있어야 한다는 조건들을 동시에 충족해야 한다.

보다 구체적으로는 첫째, 통화가 자유 교환성(free convertibility) 내지 광범한 자유 대체성(free transferability)을 보유해야 한다. 둘째, 통화 가치의 안정이 보장되고 국제적 신뢰가 두터워야 한다. 셋째, 국제 결제 통화로서의 수요와 공급량이 충분해야 한다. 넷째, 금융시장이 국제금융 중심지(financial hub)의 기능과 조직을 충분히 갖추어야 한다. 다섯째, 해당 통화 발행 국가의 군사력과 외교적 영향력이 커야 한다.

이러한 조건들을 가장 잘 충족하는 통화가 현재로서는 미국의 달러이다. 또한, 전 세계 어느 국가에서나 가치를 인정받는 금도 기축통화로 간주되고 있다. 아울러 유로화, 엔화, 파운드화를 준 기축통화로 보기도 한다. 최근에는 중국 위안화도 기축통화의 지위를 노리고 있다. 그러나 이들은 아직 기축통화로 간주하기보다는 주요 무역 결제통화로 보는 시각이 많다.

한편, 기축통화가 되면 누리는 혜택과 함께 어려움도 겪게 된다. 우선 기축통화국이 누리는 장점과 혜택은 다음과 같다. 첫째, 대외균형에 얽매이지 않고 국내의 경제정책 목표를 추구할 수 있다. 이는 아무리 무역 적자가 나더라도 우리나라가 IMF 외환위기를 겪었던 것과 같은 외환 부도를 걱정할 필요가 없다는 논리이다. 이는 앞에서 기술한 양적완화 조치에서 잘 나타난다.

둘째, 기축통화 국가는 국제시장에서 낮은 차입 비용을 누리게 된다. 기축통화인 달러는 안정적 자산이기에 투자 수요가 크다. 세계 대다수 국가는 달러를 보유하려고 한다. 특히 세계 제2위와 3위의 경제 대국인 중국과 일본은 각기 8,500억 달러와 1조 1천억 달러의 미국 국채를 보유하고 있다. 만일 기축통화인 달러의 가치가 폭락하게 되면 이들은 엄청난 타격을 입게 될 것이다. 그래서 달러를 많이 보유하고 있는 달러 채권국들은 달러 가치의 폭락을 원하지 않는다.

이와 함께 세계 경제에 위기가 닥치게 되면 그나마 미국이 상대적으로 가장 빨리 위기를 타개할 것이라는 막연한 기대심리, 그리고 달러의 위상이 흔들리게 되면 국제 금융 질서가 마비될 것이라는 우려 등도 달러 보유 수요를 높이고 있다. 이러한 달러에 대한 높은 수요는 결국 미국 국채에 대한 수요 증대로 이어지게 된다. 높은 국채 수요는 국채 가격을 하락시키고 금리를 낮추게 된다. 이에 따라 미국의 정부와 기업, 가계 모두가 저금리로 자금 차입이 가능하다는 것이다.

셋째, 기축통화국이 세계적인 금융 중심지로 부상하는 데도 도움이 된다. 즉 달러에 대한 수요가 대폭 늘어나면서 뉴욕은 런던을 제치고 세계 최대의 금융 중심지가 될 수 있었다. 뉴욕 월가(Wall Street)에는 완비된 은행 조직과 어음 할인시장, 그리고 세계 최대의 증권거래소가 존재하고 있기에 세계의 자금들이 몰려들어 거래되고 있다.

넷째, 논란의 여지가 있지만 전 세계를 상대로 '시뇨리지'를 누릴 수도 있다. 국가권력은 화폐를 찍어내는 발권력을 가지고 있다. 이때 화폐의 액면 가치와 실제로 화폐를 만드는 데 들어가는 비용의 차액을 '시뇨리지(seigniorage)'라고 한다. 이는 결국 국가가 화폐를 찍어냄으로써 얻게 되는 이익을 뜻한다. 개별 국가의 정부가 그 나라 국민에게서 시뇨리지를 거두는 것처럼 기축통화는 세계 경제 전체를 대상으로 시뇨리지를 거둘 수 있게 된다.

중국의 싱크탱크(think tank)인 중국과학원은 2013년 발표한 「국가

건강보고(國家健康報告)」라는 연구보고서에서 미국이 전 세계의 패권적 이익을 싹쓸이하고 있으며 이로 인한 최대 피해국은 중국이라고 주장하였다. 그리고 패권적 이익이란 패권국이 세계적으로 짜놓은 패권 구조를 통해 얻는 독점적이고 약탈적인 초과이익이라고 정의했다.

결과적으로 미국은 별반 노동 없이 이득을 취하는 반면, 중국은 제조를 열심히 하지만 노동자들이 손에 쥐는 것은 별로 없다는 것이다. 물론 이 보고서 내용 중에는 과장된 부분도 없지 않을 것이다. 그러나 달러가 세계의 기축통화로 운용되고 있음에 따라 미국이 커다란 이득을 챙기고 있다는 점만큼은 틀림이 없는 것 같다.

이처럼 기축통화국은 여러 가지 혜택을 누리지만 감수해야 하는 어려움 또한 만만치가 않다. 무엇보다도 기축통화는 무역 적자를 감수해야만 그 역할을 수행 가능하다는 점이다. 미국의 화폐인 달러가 세계의 기축통화로 사용되려면 세계 각국에 달러가 충분히 공급되어야 한다. 그러나 이 경우 미국의 무역 적자가 불가피하게 된다. 이를 '트리핀의 딜레마(Triffin's dilemma)'라고 하는데, 한 국가의 통화를 기축통화로 채택했을 때 필연적으로 생겨날 수밖에 없는 진퇴양난의 상황을 뜻한다.

이는 미국 예일대의 로버트 트리핀(Robert Triffin) 교수가 제시한 이론으로 주요 내용은 이러하다. 미국이 경상수지 적자를 허용하지 않고 국제 유동성 공급을 줄이면 세계 경제는 크게 위축된다. 따라서 미국은 경상수지 적자를 감내하며 달러 유동성을 공급할 필요가 있다. 하지만 미국의 적자 상태가 지속하면 달러화 가치가 하락해 준비자산으로서의 신뢰도 추락하게 되고, 결국은 고정환율제도의 붕괴로 이어진다는 것이다.

끝으로 달러가 기축통화가 된 역사적 배경과 추이는 다음과 같다.

제1차 세계대전 전까지만 해도 영국의 파운드화가 세계의 기축통화 역할을 해왔다. 그러나 이후 영국의 경제력이 점차 쇠퇴하면서 기축통화로서의 파운드화는 그 운명을 마감하게 된다. 대신 미국 달러화가 부상하기 시작했다.

제2차 세계대전 종료 이후 달러화를 기준으로 환율을 정하는 '브레턴우즈(Bretton Woods)체제'가 구축되었다. 이의 핵심 내용은 달러의 가치를 보증하기 위해 금과 일정 비율로 교환할 의무가 부과된 것이었다. 그러나 지속적인 무역수지 적자로 달러를 더이상 금과 교환해 줄 수 없게 되자, 브레턴우즈체제는 붕괴하고 만다. 즉 1971년 닉슨 대통령은 금태환 정지를 선언하는 이른바 '닉슨 쇼크(Nixon shock)'를 발표하였다. 이로 인해 달러의 기축통화 지위가 위태로워지기도 했다.

그러나 브레턴우즈체제의 종언 이후에도 달러는 기축통화 지위를 유지하게 된다. 미국은 금태환을 대체하면서도 자국 달러의 교환가치를 안정적으로 보장할 각종 국제 정치 및 경제의 시스템을 성공적으로 구축한 것이다. 우선 1974년 미국과 석유수출국기구(OPEC)는 원유 결제대금을 달러로 사용하는 협약을 체결하면서 달러의 위상을 견고히 만들었다. 이는 기존의 '금-달러 본위제'가 '석유-달러 본위제'로 전환되는 것을 의미하였다.

이후 미국은 플라자합의(Plaza Agreement)를 통해 달러 약세를 유도했다. 이는 1980년대 차순위 기축통화국의 역할을 했던 일본, 독일 등과 다자간 환율 안정 협력 추진을 통해 브레턴우즈체제의 태생적 한계이던 트리핀의 딜레마를 해소하려고 시도한 것이다. 그러나 이를 통해서도 미국의 무역수지는 개선되지 않고 오히려 외국인 투자에 방해가 되었다.

이에 미국은 플라자합의 10년만인 1995년, 강달러를 근간으로 하는 금융자본주의 전략을 추진하였다. 이는 무역수지 개선을 포기하고, 대신 강달러를 통해 국제 자본의 유입과 자본수지 개선을 도모하는 전략이다. 이 정책 노선은 성공을 거두었고 지금까지도 유지되고 있다.

이러한 우여곡절을 거치면서 달러는 그동안 기축통화로서 역할과 위상을 굳건히 지켜왔다. 그러나 2020년대 들어서면서 달러의 위상이 크게 흔들리고 있다는 평가가 계속 나오고 있다. 물론 이에 대한 반론도 많다. 다만, 이런 논의가 계속 나오는 것 자체가 달러의 위상이 예전과 달리 많이 약화되었다는 사실을 반증하는 것이라 하겠다.

3 환율 결정 메커니즘과 환율 조작

사람들이 외국의 통화를 필요로 하는 것은 그 나라의 상품과 서비스를 구매하려고 하기 때문이다. 또 그 외국 통화에 대한 대가로서 일정한 자국 통화를 지급하는 것은 자국 통화가 지닌 자국 내 상품과 서비스에 대한 구매력을 지급한다는 뜻이 된다. 따라서 자국 통화와 외국 통화와의 교환 비율은 그것들이 각기의 국가 내에서 가지고 있는 구매력의 비율, 즉 구매력 평가에 따라서 결정되어야 한다.

환율(exchange rate)이란 이처럼 두 나라 사이 통화의 교환 비율을 의미하며, 외국 통화라는 상품에 붙여진 일종의 가격이다. 따라서 시장에서 수요와 공급에 따라 상품의 가격이 결정되는 것처럼 환율도 외환시장에서 외화의 수요와 공급에 따라 결정된다. 이 환율 변동은 다양한 경로를 통해 수출입, 물가 등 경제 전반에 커다란 영향을 끼친다.

환율제도는 고정환율제도(fixed exchange rate system)와 자유변동환율제도(free floating exchange rate system)를 양극단으로 하여 이를 절충하는 다양한 형태로 분류될 수 있다. 고정환율제도는 외환의 시세 변동을 반영하지 않고 환율을 일정 수준으로 유지하는 환율제도이다. 반면, 자유변동환율제도는 환율이 외환시장에서 외환의 수요와 공급에 의해 자율적으로 결정되도록 하는 환율제도를 말한다.

고정환율제도를 시행하게 되면 환율 변동에 따른 충격을 완화하고 거시경제정책의 자율성을 어느 정도 확보할 수 있다는 장점이 있다. 하지만 특정 수준의 환율을 지속적으로 유지하기 위해서는 정부나 중앙은행이 재정정책과 통화정책을 수행하는 데 있어 국제수지의 균형을 먼저 고려해야 하는 제약이 따르고 불가피하게 자본 이동을 제한해야 한다. 또한, 경제의 기초여건(fundamental)이 악화하거나 대외 불균형이 지속되면 환투기 공격에 쉽게 노출되는 단점이 있다.

반면, 자유변동환율제도하에서는 자본 이동이 자유롭게 이루어지므로 국제 유동성 확보가 용이하고, 외부 충격이 환율 변동으로 인해 흡수됨으로써 거시경제정책의 자율적 수행이 가능한 장점이 있다. 다만, 외환시장 규모가 작고 외부 충격의 흡수 능력이 미약한 개발도상국은 환율 변동성이 높아짐으로써 경제의 교란 요인으로 작용할 가능성이 크다.

이처럼 장단점이 있기에 어느 제도를 선택할 것인지는 자국의 실정과 필요에 맞추어 이뤄지고 있다. 통상 개발도상국은 수출입 기업에 안정적인 환경 제공을 위해 고정환율제를 선택하며 선진국들은 대부분 시장경제 원리에 따라 자유로운 환율제를 적용하고 있다.

그러면 환율의 결정에 미치는 변수는 무엇일까? 변동환율제에서 환율은 기본적으로 외환시장의 수요와 공급에 따라 결정된다. 공급이 수요를 초과하면 환율이 하락하고 자국 통화의 가치가 상승한다. 반대로 외환의 수요가 공급을 초과하면 환율이 상승하고 자국 통화 가치가 하락한다.

그러나 현실은 다양한 국내외 경제사회 여건, 기술적 요인과 기대심리 등 복합적 요인에 의해 영향을 받고 있다. 우리나라는 1998년 이후부터 국제수지가 흑자를 기록했음에도 불구하고 환율이 지속해서 하락하기보다는 상승과 하락을 반복했다. 만약, 환율이 외환의 수급에만 영향을 받는다면 원-달러 환율은 추세적인 하락을 보여야 할 것이나 그러지 않았다.

외환의 수급 이외에 환율 결정에 영향을 미치는 요인들을 중장기적 요인과 단기요인으로 나누어 살펴보자.

우선, 환율을 결정하는 중장기적인 요인으로는 물가, 생산성, 대외거래, 거시경제정책 등이 있다. 이 중에서도 가장 근본적인 것은 해당 국가와 상대국의 물가수준 변동이다. 통화의 가치는 재화와 서비스에 대한 구매력의 척도이기에 환율은 상대 물가 수준으로 가늠되는 상대적 구매력에 의해서 결정되기 때문이다.

'빅맥 지수(Big Mac Currencies)'라는 경제용어가 있다. 이는 일정 시점에서 각국의 미국 맥도널드사 햄버거 제품인 빅맥 가격을 달러로 환산한 후 미국 내 가격과 비교한 지수이다. 이는 세계적으로 값이 거의 일정한 빅맥 가격을 달러를 기준으로 비교해 보면 각국의 통화 가치를 알 수 있다는 것이다. 예를 들어 우리나라 빅맥 가격이 5,000원이고 미국에서의 가격은 5달러라 하면, 구매력 평가이론의 일물일가 법칙이 성립한다면 원-달러 환율은 1,000원(5,000원/5달러)이 되어야 한다. 그런데 그 시점의 실제 환율이 1,200원이라면, 빅맥지수로 볼 때 원화는 약 17% 저평가되어 있다고 볼 수 있다.

다음으로는 생산성의 변화이다. 한 나라의 생산성이 다른 나라보다 빠르게 향상되면 생산비용이 낮아져 결국 자국 통화는 절상 혹은 환율 하락으로 이어지게 된다. 대외 거래도 환율 결정의 중요한 요인이 된다. 즉 상품서비스 거래, 자본 거래 등 대외거래 결과 국제수지가 흑자를 보이면 외환의 공급이 늘어나 환율은 하락하게 된다. 이러한 환율 상승과 하락은 국제수지의 개선과 악화를 초래하여 국제수지 균형을 회복하는 데 도움이 된다.

끝으로 통화정책 등 거시정책도 환율 결정에 커다란 영향을 미치게 된다. 통화 긴축으로 자국의 통화량이 줄어들면 상대국 통화량에 변화가 없다고 전제 시, 자국 통화 가치 절상 혹은 환율이 하락하게 된다. 그리고 국내 금리 상승은 내외 금리 차를 확대하여 주로 채권투자 자금을 중심으로 자본 유입을 증가시켜 환율 하락을 초래하게 된다. 2022년 9~10월경 미국 달러화 가치가 급등한 소위 '킹달러(King dollar)' 현상은 미국이 취한 급속한 금리 인상 조치에서 비롯된 것이다. 다만, 국내 금리 상승이 경기 위축을 초래하게 되면 외국인 주식 투자 자금이 해외로 유출되면서 환율 상승요인으로도 작용한다.

다음으로는 환율 결정에 영향을 미치는 단기요인에 대해서도 살펴보자. 이에는 시장 참가자들의 환율에 대한 기대나 주요 교역 상대국의 환율 변동, 각종 시장 정보와 루머 등이 있다. 또한, 은행의 외환 포지션 변동도 환율에 영향을 미치고 있다. 외환 포지션(foreign exchange position)은 일정 시점에서 외국환 은행 및 기업 등이 보유하고 있는 외화 표시 자산과 부채의 차액을 뜻한다.

외환 포지션이 매도 초과 혹은 매입 초과의 한 방향으로 크게 노출될 경우 포지션 조정을 위한 거래가 일어나고 그 결과 환율이 변동하게 된다. 예를 들면 은행의 선물환 포지션이 큰 폭의 매도 초과를 보일 경우, 환율 변동에 따른 위험에 노출되지 않도록 하기 위해 현물환 매입 수요를 늘려 환율이 상승하게 된다.

환율이 상승한다는 것은 원화의 가치가 떨어졌다는 의미로, '평가 절하(depreciation)'되었다고 표현하기도 한다. 이 경우 수출은 증가하고 수입은 감소하여 경상수지가 개선되는 긍정적인 효과가 나타나지만 부담이 되는 측면도 있다. 우선, 외국에서 빌려 온 외채의 부담이 커지면서 이를 갚아야 하는 기업에게는 큰 부담이 된다. 아울러 달러로 환산한 우리나라 국민소득의 규모도 줄어들게 된다. 또 해외여행이나 해외유학에 들어가는 비용이 늘어나면서 국민 후생이 줄어드는 결과도 초래된다.

반대로 환율이 하락하면 이는 원화의 가치가 상승하는 것을 뜻하며 '평가절상 (appreciation)'이라고 표현한다. 이 경우 수출상품의 가격은 상대적으로 오르고 수입상품의 가격은 낮아진다. 이에 수출은 감소하고 수입이 증가하면서 국내 기업들의 생산이 감소하고 고용이 축소된다. 하지만 기업들의 외채 상환 부담을 감소시키는 긍정적인 영향이 나타나기도 한다. 그리고 달러로 환산된 우리의 소득이 증가하고, 또 해외여행에 들어가는 비용이 줄어들게 되는 효과도 발생하게 된다.

이처럼 환율은 국가 경제 운용에 커다란 영향을 미친다. 이에 따라 세계 각국은 자국의 산업 경쟁력 확보를 위해 환율을 조정하는 경우가 없지 않다. 그러나 한 나라의 통화가 조작되면 무역 불균형으로 이어질 수 있다. 다른 나라들도 자국 통화를 평가절하거나 관세를 부과함으로써 경쟁 할 수 있으며, 이는 세계 무역전쟁으로 이어질 수도 있다. 이처럼 자국의 통화 가치 절하는 자국의 수출 경쟁력을 키우지만 반대로 경쟁국에는 직접적인 타격을 가하게 된다. 이는 자국의 이익을 위해 주변국의 경제를 희생시키는 것으로, '근린궁핍화정책(近隣窮乏化政策, Beggar-Thy-Neighbor Policy)'이 됨을 뜻한다.

자유변동환율제도를 채택하고 있는 국가들은 통상 환율이 원칙적으로 외환시장에서 자율적으로 결정되도록 하고 있다. 다만, 일시적인 수급 불균형이나 시장 불안심리 등으로 환율이 급변하게 되면 외환 당국이 외환시장에 개입하여 환율 변동 속도를 조절하고 있다. 이를 미세 조정 혹은 '스무딩 오퍼레이션(smoothing operation)'이라고 한다. 이에 대해서는 IMF와 미국도 대체로 용인하고 있다.

그러나 이러한 시도가 심각한 상황에 이르면 환율전쟁으로 돌입하게 된다. 이러한 환율전쟁의 원조는 1985년에 이루어진 '플라자합의(Plaza Accord, Plaza Agreements)'이다. 플라자합의는 한마디로 미국의 경상수지 적자를 줄이고 달러의 위상이 흔들리는 것을 방지하려는 데 목적이 있었다. 주 내용은 일본 엔화와 독일 마르크화의 평가절상을 유도하는 것이었다. 이 합의로 달러 가치는 이후 2년 동안 30% 이상 급락했다. 반면 일본 엔화와 마르크화 가치는 급격히 상승하였다. 이후 일본은 경제침체를 겪으면서 소위 '잃어버린 30년'을 겪게 된다.

이러한 국제 사회에서의 환율전쟁은 지금도 진행 중이다. 그동안 세계 제2의 경제대국이자 최대의 무역대국으로 부상한 중국은 위안화를 달러에 맞서는 기축통화의 하나로 만들겠다는 야심을 가지고 꾸준히 위안화의 절상을 진행해 왔다. 미국 또한 중국과의 무역에서 큰 폭의 적자를 나타내고 있던 차라 위안화의 평가절상을 요구해 왔다. 그런데 실물경기가 예상외로 부진하자 이를 타개하기 위한 방책의 하나로 2015년 8월 이후부터 수시로 외환시장에 개입하여 위안화의 평가절하를 도모하기에 이르렀다. 그 결과 중국은 미국으로부터 환율 조작국으로 지정되기에 이른다.

미국은 무역에서 불공정한 이익을 얻기 위해 환율 변경 전략을 사용하는 국가를 환율 조작국으로 지정하고 제재를 취하고 있다. 미국은 특정국의 통화 가치가 상대적으로 낮게 평가돼 운용됐다면 수출보조금을 준 것과 같다는 논리로 매년 전 세계 국가를 대상으로 환율 조작 여부를 조사해 발표하고 있다.

미국 재무부는 교역 상대국에 대해 「종합무역법」과 「교역촉진법」에 근거하여 매년 상하반기 두 번에 걸쳐 주요 교역국에 대한 경제 및 환율정책보고서를 의회에 제출한다. 이 보고서에서는 환율 조작국 대신 '심층분석대상국'이란 표현을 쓰는데 두 가지가 혼용되어 쓰인다.

구체적인 지정요건은 경제 상황에 맞춰 조금씩 수정되고 있다. 지금은 대미 양자 무역 흑자 규모 150억 달러 이상, GDP 대비 경상수지 흑자 3% 이상 또는 경상수지 흑자 갭(gap) 1% 이상, 12개월 중 8개월 이상 총 GDP 2%가 넘는 외환 순매수를 통한 지속·일방적 개입 여부이다. 이들 3개 요건에 모두 해당하면 '심층분석대상국(enhanced analysis)', 그리고 2개 요건에 해당하면 '관찰대상국(monitoring list)'으로 분류된다.

환율 조작국으로 지정되면 미국은 해당 국가에 대해 환율 저평가 및 지나친 무역 흑자 시정을 요구하게 된다. 이후 1년이 지나도 개선되지 않을 경우, 해당국에 대한 미국 기업의 투자 제한, 해당국 기업의 미

연방정부 조달계약 체결 제한, 국제통화기금(IMF)에 추가적인 감시 요청 등의 구체적인 제재를 취하게 된다.

미국은 그동안 수차례 환율 조작국과 관찰대상국을 지정해 왔다. 그러나 1990년대 후반부터는 공식적인 환율 조작국 지정은 없었다. 그런데 2019년 8월, 트럼프가 대통령이던 시절 중국을 환율 조작국으로 전격 지정했다.

2019년 8월 5일 위안화 가치는 달러당 7위안 아래로 떨어지는 '포치(破七)'를 기록했으며, 이는 2008년 5월 이후 11년 3개월 만에 처음이다. 이를 두고 미국은 환율을 통제하는 중국 당국이 미국의 추가 관세 부과 조치에 대응하기 위해 포치를 사실상 허용했다고 판단했다. 위안화 가치가 하락하면 중국 수출품 가격도 낮아지기 때문에 미국의 관세 부과로 인한 충격을 줄일 수 있게 된다. 다만, 미·중 무역 갈등에 화해의 분위기가 조성되면서 2020년 1월 환율 조작국에서 해제되었다. 이후부터 중국은 계속해서 관찰대상국 지위를 유지하고 있다.

2023년 6월 발표된 '2023 상반기 환율보고서'에 의하면 한국과 중국, 스위스, 독일, 말레이시아, 싱가포르, 대만 등 7개국이 '관찰대상국'으로 지정되었다. '심층분석대상국'에 해당하는 국가는 없었다. 직전 보고서에서 관찰대상국이었던 일본은 이번 목록에서 제외됐다. 우리나라의 경우 2016년 4월 이후부터 2019년 상반기를 제외하고는 매번 환율관찰대상국 목록에 포함됐다.

주요 국가 통화 환율

(대 달러 환율, 기말기준)

통화	2000	2010	2015	2020	2022	2023.6
원(KRW)	1,264.5	1,134.8	1,172.0	1,086.3	1,264.5	1,319.0
엔(JPY)	114.4	81.4	120.6	103.3	133.7	144.3
유로(EUR)	1.06 (0.9425)	0.75 (1.3290)	0.91 (1.0926)	0.81 (1.2300)	0.93 (1.0662)	0.92 (1.0909)
위안(CNY)	8.28	6.60	6.49	6.54	6.90	7.27
파운드 (GBP)	0.67 (1.4931)	0.65 (1.5433)	0.68 (1.4811)	0.73 (1.3625)	0.83 (1.2054)	0.79 (1.2694)

* 자료 : 한국은행, ( )는 유로와 파운드 대비 달러

4 금리 인상과 금리 동조화 현상

경제학에서는 수요가 공급보다 많으면 가격이 오르고 반대로 공급이 더 많으면 가격이 내리게 된다. 돈도 하나의 재화라고 생각할 때 이 자율인 금리는 쉽게 말해서 돈의 가격이라고 볼 수 있다. 즉 금리란 빌려준 돈에 대한 이자나 이율을 뜻한다. 따라서 이자율은 시중에 돈의 공급량이 많아지면 떨어지고, 돈의 공급이 줄면 높아지게 된다.

금리는 개인 투자자에게는 수익의 원천이 되며 차입자금을 활용하는 기업에게는 비용요인이 된다. 과거 우리나라의 경제개발연대에는 높은 금리로 저축을 유도하고 이를 통해 자금을 조성하여 기업의 투자 재원으로 활용하였다. 당시에는 예금이자에 의존해서 살아가는 사람도 많았다.

이와 함께 금리는 경기와 물가를 조절하는 주요한 거시경제정책 수단의 역할도 하고 있다. 아울러 금리는 한나라의 통화 가치를 결정하는 중요한 요인이 되고 있다. 일반적으로 경기가 어려울 시기에는 금리를 낮춰 시중에 유동성 공급을 확대하고 반대로 경기가 좋거나 인플레이션 우려가 있으면 금리를 높여 시중 자금을 빨아들이게 된다.

이런 관점에서 금리 인상기는 국가 경제의 기초 체력 즉 펀더멘탈(fundamental)이 좋은 상황에 놓여 있음을 의미한다. 이로 인해 그 나라의 통화 가치는 강세를 보이게 된다. 더욱이 금리가 다른 나라들보다 높으면 해외자금이 유입하게 되면서 그 나라의 통화 가치는 더 상승하게 된다. 미국 달러가 2022년 9~10월 중에 킹달러(King dollar)가 된 근본적인 이유도 급속히 이루어진 금리 인상에서 비롯된 것이다. 물론 금리 인상으로 인해 경기가 하락하게 되면 통화 가치가 떨어지게 되는 측면도 없지 않다.

금리의 기본이 되는 것을 기준금리라고 하는데, 중앙은행은 국가에 존재하는 모든 금융상품의 금리를 조절하는 것이 아니라 이 기준금리를 통해 조절하고 있다. 기준금리가 중요한 이유는 금융기관의 지급준비율과 시장금리뿐만 아니라 채권의 매매나 물가에 영향을 주기 때문이다.

이런 이유로 중앙은행에서 기준금리를 발표하면 시중은행을 포함한 금융기관들은 이를 기준으로 하여 각각 금리를 책정하게 된다. 따라서 중앙은행이 기준금리를 올리면 시중금리도 상승하게 되고, 기준금리를 낮추면 시중금리도 하락하게 된다. 우리나라는 한국은행에 설치된 금융통화위원회에서 매달 기준금리를 결정한다.

2008년 글로벌 금융위기 이후 미국을 위시한 세계 각국은 크게 위축된 경기를 진작시키기 위해 저금리 기조를 견지해 왔다. 주요 선진국들의 경우 기준금리를 제로(zero)금리 혹은 마이너스(△) 금리로 운영하는 나라도 다수 있었다. 미국, 유로존 등 경제대국들은 상당 기간 제로금리 상태를 유지해 왔으며 덴마크, 스웨덴, 스위스 등은 마이너스 금리까지 보였다. 일본은 아직도 마이너스 금리를 유지하고 있다.

마이너스 금리라니, 그것이 어떻게 가능한가 하고 의문을 가질 수도 있다. 이는 예금한 돈에 대해 이자를 지급하기는커녕 오히려 개인이 맡긴 돈을 은행이 안전하게 보관해 주므로 일종의 보관료를 내야 한다는 의미이다. 또 은행에 돈을 맡기기보다는 시중에 돈이 활발하게 유통될 수 있도록 유도하기 위한 목적도 있다.

주요국의 중앙은행과 기준금리

(2023년 7월 기준)

국가	중앙은행	기준금리(%)
미국	연방준비은행(FRB, Federal Reserve Bank)	5.25~5.50
EU	유럽중앙은행(ECB, European Central Bank)	4.25
영국	영란은행(Bank of England)	5.00
일본	일본은행(日本銀行)	-0.10
중국	중국인민은행(中國人民銀行)	3.55*
한국	한국은행	3.50

* 1년 만기 LPR 기준금리

일반적으로 저금리 기조가 유지되면 가계와 기업들은 대출이자의 감소로 대출비율이 상승하고 부동산·주식·채권에 대한 투자 매력이 커져 자금의 유동성이 커지게 된다. 그리고 기업활동이 호조를 보임에 따라 경기 활성화와 일자리 창출에 이바지하게 된다.

반면, 저금리 기조가 오랫동안 지속하는 데 따른 후유증도 없지 않다. 기업은 자금 압박을 심하게 받지 않기 때문에 기업 혁신에 속도를 내야 할 유인이 줄어들게 마련이다. 또 전반적인 소비 증대로 인한 인플레 확산 우려가 고조될 뿐만 아니라 가계대출이 늘어나 가계부채 문제를 일으키기도 한다. 일본의 '잃어버린 30년'이 대표적인 후유증의 사례라 할 수 있다. 따지고 보면 우리나라의 가계부채 증가 문제나 미국의 서브프라임 모기지(Subprime Mortgage) 사태도 저금리를 바탕으로 한 부동산 대출 확대에서 비롯된 것이라 할 수 있다.

미국은 2008년 글로벌 금융위기 극복 과정에서 금리를 대폭 인하했다. 미국의 중앙은행인 연방준비제도(Fed)는 2007년 5.25%까지 상승해 있던 기준금리를 1년 만인 2008년 12월, 제로(0~0.25%)로 인하했다. 이후 미국은 2015년 말, 경기 회복에 대해 어느 정도 자신감이 생기자 제로금리시대를 끝내고 소폭의 금리 인상을 단행하였다.

그러나 2020년 코로나 팬데믹(pandemic) 사태가 터지자 또다시 2015년 12월 이전의 제로금리로 회귀하게 된다. Fed는 2020년 3월, 비상 연방공개시장위원회(FOMC)를 두 차례 개최하고 기준금리를 각각 0.5%p와 1%p씩 총 1.5%p 인하(1.50~1.75→0.00~0.25%)하여 제로금리로 환원한 것이다.

그러나 코로나 사태가 어느 정도 수습되고, 또 우크라이나 전쟁으로 인해 물가가 급속하게 오르기 시작했다. 2022년 6월에는 미국의 소비자물가 상승률이 41년 만의 최고치인 9.1%까지 치솟았다. 이에 Fed는 기준금리를 통상적 수준보다 가파르게 인상하기 시작했다.

Fed는 최악의 인플레이션을 잡겠다는 목표로 2022년 3월부터 2023년 5월까지 10회 연속하여 금리를 인상했다. 특히 2022년 6월, 7월, 9월, 11월에는 4차례 연속하여 금리를 0.75%p 올리는 자이언트 스텝(giant step)을 밟는 등 공격적인 조치를 취했다. 이에 따라 2022년 3월 이전에 사실상 제로이던 기준금리가 2007년 이후 가장 높은 수준까지 올라갔다. 금리 인상 속도 또한 1980년대 이후 가장 빨랐다.

이런 금리 인상 기조는 2023년까지 계속 이어지고 있다. 2023년 6월 14일, 미국 중앙은행인 연방준비제도(Fed)는 기준금리를 기존 5.00~5.25%에서 동결했다. 2022년 3월부터 약 15개월간 10차례 연속 공격적으로 금리를 올렸던 연준이 이번에는 금리 인상을 건너뛴 것이다. 그러나 물가 안정을 위해 올 하반기에 금리를 더 인상하는 매파적 입장을 강력하게 시사하면서 추가적인 긴축 조치를 사실상 예고했다.

Fed는 "목표 금리를 일정하게 유지함으로써 추가 정보 및 이 정보의 정책 함의에 대해 연방공개시장위원회(FOMC, Federal Open Market Committee)가 평가할 수 있을 것이다. FOMC는 인플레이션을 2% 목표로 되돌리기 위해 강력하게 노력하고 있다."라고 밝혔다. 이는 이번 금리 동결이 일시적인 조치로, 향후 물가 상황에 따라 추가적인 금리 인상이 가능하다는 의미다.

제롬 파월(Jerome Powell) Fed 의장도 "인플레이션 압력이 계속 높은 상태다. 연내 금리 인하를 하는 것은 부적절하다."라면서 물가 안정에 최우선 순위를 두겠다는 점을 분명히 했다. 결국, Fed는 7월 FOMC에서 0.25%p 추가적인 금리 인상을 단행하였고, 그 결과 기준금리는 5.25~5.50%가 되었다. 이는 지난 2001년 이후 가장 높은 수준이다.

2021년부터 세계적인 물가 불안 현상이 심화하자, 미국뿐만 아니라 유럽도 가파른 금리 인상조치를 취해오고 있다. 유럽중앙은행(ECB)은 2022년 7월, 역내 인플레가 9%에 육박하자 8년 만에 금리 인상에 나선 이후 2023년 7월까지 9차례 연속해 총 4.25%p의 금리를 올렸다. 이에 따라 기준금리는 0(zero)에서 4.25%가 되었다. 또 일반은행이 일반 대출 대신 중앙은행 ECB에 자금을 예치할 때 받는 금리로 인플레이션 저지의 핵심 정책금리인 중앙은행 예치(deposit)금리는 3.75%가 되었다. 이 예치금리는 1년 전 금리 인상 행진 직전에는 마이너스 0.50%로, 일반은행이 ECB에 예치하면 벌금 성격의 이자를 물었다. 영국 또한 2021년 12월부터 금리를 계속해서 인상해온 결과, 당시 0.1%이던 기준금리가 2023년 7월에는 5.00%로 높아져 있다.

우리나라도 이와 유사한 추세를 보이는데, 한국은행은 지난 2021년 8월부터 2023년 1월까지 지속해서 금리 인상을 해왔다. 당시 0.5%이던 기준금리를 미국의 금리 인상에 맞춰 10차례에 걸쳐 0.25%~0.5%p씩 인상하였다. 그러나 극심한 경기 부진의 늪에 빠진 우리나라로서는 미국처럼 마냥 금리 인상을 지속하기는 어려웠기에 3.50% 상태에서 일단 인상을 멈췄다.

그 결과 한미 금리의 역전현상이 벌어지게 되었고, 금리 격차는 한국 3.50%, 미국 5.25~5.50%로 2.00%p 벌어져 있다. 다행히 염려하던 급격한 자본 해외 유출과 환율 절하 등의 금융시장 불안 사태는 일어나지 않았다. 그러나 걱정이 완전히 없어진 것은 아니기에 앞으로도 계속 금융시장 상황을 점검하면서 금리의 향방을 결정해야 할 것이다.

한미 기준금리 추이(%)

* 자료 : 한국은행, 미국 연방준비제도(Fed)

다만, 중국과 일본은 이와 같은 세계적 금리 인상 기조에서 탈동조화(decoupling) 현상을 나타내고 있다. 일본은 경기 부진을 이유로 여전히 마이너스 금리를 고수하고 있다. 일본은행은 2023년 6월 통화정책 회의에서도 단기 정책금리를 기존의 -0.1%에서 동결함으로써, 2016년부터 시작된 마이너스 금리 행진이 이어지고 있다.

중국은 오히려 2021년 12월부터 수차례에 걸쳐 기준금리 역할을 하는 대출우대금리(LPR, Loan Prime Rate)를 인하하였다. 2023년 6월에도 금리 인하를 단행하였다. 그 결과 주로 신용대출이나 기업대출에 활용되는 1년 만기 LPR은 2021년 11월 당시 3.85%에서 2023년 6월 3.55%로 낮아져 있다.

이처럼 미국이 금리를 인상하거나 혹은 인하할 때 중국이나 일본 같은 예외가 없는 것은 아니지만 세계 대다수 국가들도 금리를 같은 방향으로 변경하고 있다. 2001년 이후 우리나라 금리는 미국 정책금

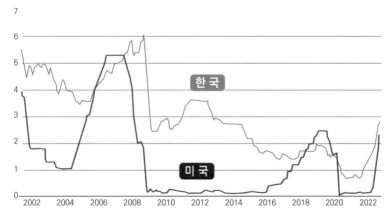

2002년 이후 한국과 미국의 기준금리 추이

* 자료 : 한국은행

리와의 동조화 현상을 보여 왔는데, 갈수록 동조화가 심화하는 것을 발견할 수 있다. 단기금리만 미국에 동조화되는 것이 아니라, 장기금리의 동조화는 더욱 심하다. 금리의 방향성뿐만 아니라 금리의 수준도 비슷하다.

그러면 이와 같은 미국 금리에의 동조화 현상이 일어나는 원인은 무엇이며 또 동조화가 지니는 의미는 무엇일까?

첫 번째 요인은 미국의 세계 경제에서 차지하는 비중과 영향력이 워낙 크기 때문이다. 현실적으로 대다수의 국가는 미국의 경제정책에 거스르는 정책 운용을 하기 어렵다.

특히, 한국처럼 미국 경제에 대한 의존도가 높다면 더욱 그렇다. 예를 들어 미국이 금리를 인상하여 인플레를 잡으려 하는데, 금리를 인하한다면 그 나라는 인플레를 막을 생각이 없다는 신호로 받아들여지게 된다. 인플레가 다른 나라보다 높은 나라의 통화는 시장에서 인기가 떨어지게 된다. 이는 그 나라 통화를 가져봐야 실질적인 구매력이 떨어질 게 뻔하기 때문이다.

두 번째 요인은 미국 채권시장의 영향력이 워낙 크기 때문이다. 미국의 채권시장은 세계에서 가장 큰 규모를 지닌 시장이다. 그리고 이 채권시장 참가자들에 의해 형성되는 채권의 장기금리는 먼 미래까지의 경기 전망이 반영되어 있다. 만약, 미국 채권시장의 금리가 상승하면 인플레 압력의 증가 및 미래 경기 전망의 호전을 반영한 시그널

(signal)로 받아들여지고 있다. 이 경우 한국 등 다른 나라는 미국 경기의 호전에 따른 수출 증가 및 경기 호전을 기대할 수 있게 되고, 조만간 그들의 시장금리 상승 가능성도 높이게 된다.

거꾸로 미국 시장금리의 하락은 반대의 경로를 통해 다른 나라의 금리도 동시에 하락하게 만든다. 결국, 거대한 내수시장을 형성하고 있는 미국 경제의 지위가 채권 금리의 세계적인 동조화를 이끄는 셈이다.

셋째, 자본 이탈 우려를 최소화하려는 목적도 지니고 있다. 통상 자본은 높은 금리를 찾아 움직인다. 자본 이동이 자유로운 국제 사회에서도 마찬가지다. 이에 미국 등 경제력이 큰 나라가 금리를 올리면 이머징마켓(emerging market)은 자본 이탈을 막기 위해 이들보다 더 높은 수준으로 금리를 올릴 수밖에 없다.

더욱이 핫머니(hot money) 성격의 대규모 단기자본 이동은 외환의 수급 관계는 물론이고 물가, 주가, 원자재 가격의 움직임까지도 큰 폭으로 등락시킴으로써 국가 경제 전체에 악영향을 미치게 된다. 특히, 대외여건에 민감한 이머징마켓은 국가 경제 전체가 송두리째 출렁이게 된다. 이를 방지하기 위해서는 어쩔 수 없이 금리 동조 대열에의 합류가 불가피하다.

이 핫머니의 종류에는 국가 간의 금리 차이를 노리는 것 외에도, 환율 차이에 의한 투기적 이익을 노리거나 또 국내 통화의 불안을 피하기 위한 자본 도피 목적에서 형성된 것도 있다. 한때 국제 사회에서는 핫머니 방지를 위해 금융거래세, 일명 '토빈세(Tobin's tax)'를 도입하는 문제가 검토되기도 했다. 원래 이 금융거래세는 1978년 경제학자 제임스 토빈이 단기성 투기자금을 규제하기 위해 모든 외환 거래에 0.1% 정도의 세금을 부과하자고 주장한 데서 비롯된 것이다. 다만, 이 토빈세는 모든 관련 국가들이 동시에 운용해야 실효성을 거둘 수 있다는 현실적인 한계가 있다.

한편, 금융시장에서는 간혹 장단기 금리 역전(inverted yield curve) 현상이 벌어지기도 한다. 이는 단기금리가 장기금리보다 높은 현상, 즉 만기가 짧은 채권의 금리가 만기가 긴 채권 금리보다 높아지는 현상을 뜻한다.

일반적으로 채권시장에서는 돈을 빌리는 기간이 길수록 금리가 높아지게 된다. 이는 투자 기간이 길어질수록 변동성을 예측하기 어렵고 위험 부담이 크기 때문에 그에 대한 보상으로 높은 이자율을 지급하는 원리라고 보면 된다. 그러나 경제 상황에 따라 장단기 국채금리가 역전되는 상황이 일어나기도 하는데, 시장에서는 이를 경기 침체의 전조 현상으로 간주하고 있다.

장단기 금리를 비교할 때 주로 언급되는 금리는 미국 국채 10년물과 2년물이다. 이론적으로는 2년물이 10년물보다 금리가 낮아야 하지만, 불안한 글로벌 경제 및 금융 상황, 지정학적 리스크 등이 발생하면 역전 현상이 벌어지기도 한다.

일반적으로 장기채인 10년물은 주로 경기 전망에 따라 움직인다.

따라서 앞으로 경기가 좋을 것으로 예측되면 주식 등 위험자산 수요가 늘고 채권 등 안전자산의 수요가 줄어, 채권 가격은 하락하고 금리가 오른다. 반대로 경기가 나빠질 것으로 예측되면 채권 가격이 오르고 금리가 떨어진다. 이런 이유로 경기에 대한 비관론이 커지면 10년물에 대한 매수세가 높아져 10년물 금리가 2년물보다 낮아지는 현상이 간혹 벌어지고 있다. 미국에서는 1960년 이후 2022년까지 15회에 걸쳐 장단기 금리 역전이 발생하였으며 대부분 경기 침체로 이어졌다.

제 2 장

달러패권의 역사와 변화

'브레턴우즈체제'의 탄생

금은 오랫동안 화폐로서 역할을 해왔다. 지폐가 발행된 이후로는 금을 직접 유통하기보다는 지폐 통화의 가치를 금의 가치와 연계시킨 후, 편리한 지폐가 물품 매매와 대금 지급용으로 사용되었다. 이러한 화폐제도를 '금본위제도(Gold Standard)'라고 한다. 금본위제는 19세기 후반 영국에서 시작되었다. 금본위제도 아래에서 화폐의 발행 규모는 금 보유량에 연동되어 언제든지 화폐를 금과 맞바꿀 수 있었고 환율 역시 금에 연동되어 있었다. 예를 들어 금 30g을 미국에서 10$라고 정하고 일본에서는 100¥이라고 했다면, 10$는 100¥과 같은 가치를 가지게 된다. 따라서 환율은 1$ = 10¥이 된다.

금본위제의 장점은 첫째, 금본위제는 과도한 지폐 발행으로 물가상승을 일으킬 수 있는 정부나 은행의 힘을 제한한다. 다시 말해 강력한 인플레 억제장치로 작용하였다는 것이다.

둘째, 금본위제하에서는 각국이 고정환율제도를 채택해 국제무역에 명확성이 부여된다.

반면, 금본위제의 단점으로는 첫째, 화폐 공급에 충분한 유연성을 보이지 못한다는 점이다. 이는 새로 캐내는 금의 공급량이 화폐 공급에 대한 세계 경제의 점증하는 요구를 충족시키지 못하기 때문이다. 둘째, 세계적인 경기 침체나 인플레이션의 영향으로부터 자국 경제를 차단해 보호하는 것이 불가능하다. 셋째, 실업률이 증가하고 경제 성장률이 감소하는 현상이 발생할 때마다 지급 능력이 없는 나라에서는 경기 조절 과정이 길고 고통스러워질 수 있다.

금의 가치와 연동되어 안정적인 모습을 보이던 금본위제와 고정환율제도는 2차례의 세계대전을 거치면서 크게 흔들리게 된다. 전쟁에 필요한 돈을 충당하기 위해 참전국들이 돈을 마구 찍어냈기 때문이다. 자신들이 금을 얼마나 가졌는지는 중요하지 않았다. 그 결과 돈의 가치는 엉망이 되었고, 세계 경제 질서를 회복하기 위한 새로운 제도가 필요해졌다.

결국 '악화가 양화를 구축한다(Bad money drives out good)'라는 그레샴의 법칙(Gresham's law)에 따라 금본위제는 그 운명을 다하게 되었다. 여기서 악화란 액면 가치가 실제 화폐의 가치보다 높은 것을 뜻하고, 양화란 반대로 화폐의 실제 가치가 액면 가치보다 높은 것을 말한다. 이는 실제 가치가 높은 양화의 경우 시중에서 화폐로 유통되기보다는 귀금속으로 활용하기 위해 용해·주조되었기 때문이다.

　제1차 세계대전으로 막대한 통화량이 필요해지자 영국을 비롯한 각국은 금태환을 일시 정지하고 통화 증발에 나섰다. 이는 실물과 통화량을 연동시키던 금본위제에 상당한 타격이었다. 게다가 1920년대 전후 복구과정에서 금본위제로 복귀하던 와중에 대공황 발발로 구 파운드 중심의 금본위제는 결정적으로 무너져 버렸다. 이에 영국은 1931년 금본위제를 완전히 포기하였다. 그러나 이후에도 금본위제가 완전히 자취를 감춘 것은 아니었다. 영국 파운드화가 기축통화로 역할을 할 당시에도 그랬지만, 브레턴우즈체제와 스미스소니언(Smithsonian)체제까지도 달러 가치가 금에 의해 보장되어 있었기 때문이다.

　제1차 세계대전 전까지만 해도 금과 금에 가치가 연동된 영국의 파운드화가 세계의 기축통화 역할을 해왔다. 그러나 이후 영국의 경제력이 쇠퇴하면서 파운드화는 기축통화로서의 운명을 마감하게 되었고 대신 미국 달러화가 부상하기 시작했다. 제2차 세계대전 종전 직후 미국은 슈퍼파워(super power)가 되었다. 당시 미국은 전 세계 GDP의 50%와 전 세계 금의 70% 정도를 보유하고 있었다.

　이러한 경제력을 바탕으로 미국의 달러는 힘을 발휘할 수 있었다. 더욱이 강력한 군사력도 뒷받침되었다. 여기에 뉴욕은 이미 국제금융의 중심지 역할과 기능을 수행하고 있었다. 즉 완비된 은행 조직과 어음 할인시장이 존재하고 있었기에 세계의 자금들이 이곳으로 몰려들어 거래되고 있었다. 이러한 배경 아래 미국 달러화는 영국 파운드화를 밀어내고 새로운 기축통화로 등장하게 된다. 이를 확실하게 시스템적으로 뒷받침한 것이 '브레턴우즈체제'이다.

제2차 세계대전이 끝나갈 무렵인 1944년, 주요 연합국 대표들은 전쟁 이후의 세계 경제 질서 회복과 국제통화제도 재편 방향을 논의하기 위해 미국 뉴햄프셔의 브레턴우즈에서 회담을 가졌다. 여기서 국제금융시스템 유지를 위한 체제인 '브레턴우즈체제(Bretton Woods system)'가 출범하게 된다. 또 세계 금융 안정을 위해 브레턴우즈체제 출범 직후 세계은행과 IMF가 설립된다.

한편, 무역장벽 제거 및 보호주의 방지를 위해 1948년 GATT(관세 및 무역에 관한 일반협정)체제도 탄생한다. 그리고 이 GATT가 더욱 확대되어 기존의 상품뿐만 아니라, 서비스, 지적재산권 등 모든 교역 분야에서의 자유무역 질서 확립을 위해 1995년 1월 1일부터 새로이 WTO(세계무역기구)가 출범하였다.

브레턴우즈체제 출범 당시 화이트 안과 케인스 안이 대립하고 있었다. 미국의 화이트(Harry Dexter White)는 연합국 안정기금(United Nations Stabilization Fund)을 구상하고 있었고, 영국의 케인스(John Maynard Keynes)는 영국과 미국 중심의 국제청산동맹(International Clearing Union) 설립 안을 마련하고 있었다. 이 두 가지 안은 자유무역을 촉진하고 외환 거래에 대한 각국 정부의 규제를 제한할 수 있는 국제기구를 설치하여야 한다는 데에는 의견을 같이하고 있었으나, 그 구체적인 방안은 당시 영국과 미국의 상충하는 이해관계를 반영하여 적지 않은 차이를 내포하고 있었다.

케인스 안은 일종의 세계 중앙은행인 국제청산동맹을 창설하여 일정량의 금과 동등한 가치를 가지는 국제통화인 방코르(Bancor)를 발행하며, 회원국 간의 국제거래는 방코르 계정을 통하여 상호 결제하도록 하고 국제청산동맹에게 당좌대월이 가능하도록 신용 창조 기능을 부여하는 것이었다.

이때 회원국의 방코르 계정 대차잔액이 무한히 늘어나는 것을 방지하기 위하여 국제수지의 흑자 규모 또는 적자 규모가 일정 수준을 넘어서는 회원국에 대해서는 당해국 통화의 평가절상 또는 평가절하를 허용하도록 했다. 즉 변형된 형태의 변동환율제도를 수용하였다.

이에 반해 화이트 안은 회원국의 출자로 연합국 안정기금을 창설하고 일시적인 국제 수지상의 애로에 직면한 회원국에 출자액 범위 내에서 단기자금을 지원하도록 하였다. 또한, 각 회원국 통화 간의 환율을 국제 수지상 기조적 불균형을 시정하기 위하여 필요하다고 인정되는 경우 이외에는 변경하지 못하도록 하는 고정환율제도를 추구하였다.

다시 말해 케인스 안의 핵심은 새로운 국제통화를 발행하여 달러의 지배적 위치를 견제하고 국제 유동성의 탄력적인 공급을 도모함과 동시에, 국제수지 불균형 조정 책임을 적자국뿐만 아니라 흑자국에게도 부과한다는 내용으로, 당시 채무국인 영국의 입장을 반영한 것이었다. 반면, 화이트 안의 핵심은 달러본위제를 채택하는 한편 국제수지 불균형 조정 책임을 적자국에게 지운다는 내용으로, 채권국인 미국의 입장을 대변하였다.

양안을 중심으로 2년간 논의 끝에 1944년 4월, 화이트 안을 기본으로 케인스 안의 내용을 일부 반영한 '국제통화기금 설립에 관한 전문가의 공동성명(Joint Statement by Experts on the Establishment of an International Monetary Fund)'을 채택하였다. 이어 같은 해 7월, 브레턴우즈에서 열린 연합국 통화금융회의에 참석한 45개 연합국 대표들은 이 공동성명의 내용이 거의 그대로 반영된 「국제통화기금 협정문(Articles of Agreement of the IMF)」을 결의하였다. 이후 1945년 12월 27일까지 동 협정의 발효요건인 총쿼타의 80%를 넘는 29개 국가가 비준함으로써 IMF가 정식으로 발족하여 1946년 5월부터 업무를 개시하였다.

브레턴우즈체제의 핵심 내용은 세계 각국의 통화 가치를 달러를 기준으로 일정하게 유지하는 것이었다. 그리고 기축통화인 달러의 가치는 금 1온스당 35달러로 정해졌다. 금을 기준으로 만들어졌기 때문에 변형 금본위제이며, 또 미국 달러를 기준으로 한 고정환율제도이기도 하다. 아울러 이 체제를 안정적으로 운영해 나갈 국제금융기관으로 세계은행(World Bank)과 국제통화기금(IMF)이 설립되었다.

브레턴우즈체제의 출범으로 미국 달러는 기축통화의 지위를 지니게 되었고, 이를 바탕으로 세계 경제는 비교적 순조롭게 흘러가게 되었다. 이에 미국의 리더십 아래 세상이 태평성대를 누린다는 소위 '팍스아메리카나(Pax Americana)'의 기치가 탄력을 받았다. 그러나 20여 년의 세월이 흐르는 가운데 체제가 지닌 태생적 한계의 허점이 적나라하게 드러났고, 여기에 미국의 정치경제적 상황의 악화까지 겹치면서 1971년 '닉슨 쇼크(Nixon shock)'를 계기로 브레턴우즈체제는 마침내 생을 마감하게 된다.

2 ‘트리핀의 딜레마’와 ‘닉슨 쇼크’

미국의 화폐인 달러가 세계의 기축통화로 사용되려면 무엇보다도 먼저 세계 각국에 달러가 원활히 공급되어야 한다. 그런데 미국의 화폐인 달러를 원활히 세계 각국에 공급하기 위해서는 미국의 무역 적자가 불가피하다. 한 국가의 통화를 기축통화로 채택했을 때 필연적으로 생겨날 수밖에 없는 진퇴양난의 상황을 압축하여 표현한 말이 ‘트리핀의 딜레마(Triffin's dilemma)’이다.

미국 예일대의 로버트 트리핀(Robert Triffin) 교수는 이와 같은 상황에 대해 다음과 같이 정리했다. “미국이 경상수지 적자를 허용하지 않고 국제 유동성 공급을 중단하면 세계 경제는 크게 위축되고 만다. 하지만 지금과 같이 미국의 적자상태가 지속되면 달러화 가치가 하락해 준비자산으로서의 신뢰도가 떨어지게 되고 결국은 고정환율제도가 붕괴하고 말 것이다.”

한 국가의 통화를 기축통화로 채택하게 되면 애초에 태생적으로 이렇게 될 수밖에 없다. 결국, 미국은 눈덩이처럼 불어나는 경상수지 적자를 통해 계속 세계 경제에 기축통화인 달러를 공급해왔다. 미국의 달러화보다 먼저 기축통화의 자리를 차지했던 영국의 파운드화도 1914년에 '트리핀의 딜레마' 상황을 견디지 못해 결국 금본위제의 포기 선언과 함께 기축통화의 자리에서 내려왔다.

브레턴우즈체제의 출범으로 미국은 달러를 받고 금을 내어줄 의무가 생겼다. 그러나 얼마 가지 않아 이 체제의 허점이 드러났다. 우선 환율이 고정 상태에 가까웠기 때문에 각국의 적자, 흑자와 상관없이 환율이 잘 변동하지 않았다. 이에 따라 독일과 일본은 낮은 화폐 가치를 바탕으로 계속해서 무역 흑자를 달성했으나, 영국이나 미국은 높은 화폐 가치로 인해 무역 적자에 시달리게 되었다. 게다가 미국은 베트남 전쟁에 필요한 돈을 충당하기 위해 달러를 계속해서 찍어냈다. 이로 인해 미국이 보유한 금의 4배나 되는 달러가 시중에 돌아다니게 되었다.

이런 상황에서 미국을 불신하게 된 프랑스를 위시한 몇몇 국가에서는 달러를 금으로 바꿔 달라고 요구했다. 그러나 그만한 금을 갖고 있지 않던 미국은 달러를 금으로 바꿔주지 않겠다는 금태환 정지 선언을 하게 된다. 이것이 1971년에 있었던 '닉슨 쇼크(Nixon shock)'이다. 이렇게 해서 브레턴우즈체제는 막을 내리게 되고, 달러 가치의 폭락이 이어지게 되었다.

그 이후 새로운 환율평가제도를 마련하게 되는데, 바로 브레턴우즈의 수정이라 할 수 있는 '스미스소니언체제(Smithonian system)'이다. 이는 금에 대한 미국 달러의 가치를 순금 1온스당 35달러에서 38달러로 평가절하하고, 환율체제는 고정환율제를 유지하되 ±2.25%의 환율변동을 허용한 일종의 관리변동환율제도를 도입한 것이다.

그러나 스미스소니언체제가 출범한 지 6개월만인 1972년 6월, 영국은 투기에 의한 파운드화 파동을 견디지 못하고 변동환율제도를 채택하였다. 또 프랑스, 벨기에, 이탈리아 등도 이중환율제를 택하였다. 그리고 투기자본이 마르크화와 엔화에 집중되어 달러화의 시세는 계속 하락하게 되었다. 결국, 1973년 2월 금 1온스당 38달러에서 42.23달러로 10% 평가절하를 단행하였다. 그리고 1973년 3월 19일 EC 6개국과 스웨덴, 노르웨이가 공동변동환율제로 이행했다. 이에 따라 각국이 자기 나라의 경제 사정에 적절한 환율제도를 자유로이 채택하게 되었으며, 이로써 고정환율제로 출발하였던 스미스소니언체제도 출범한 지 1년 반이 못되어 무너지고 말았다.

스미스소니언체제 이후 유럽은 내부에서 '스네이크체제(EC Snake System)'를 정립하였다. 스위스 바젤에서 1972년 4월 체결된 스네이크체제는 유럽 역내 통화 가치 안정을 위한 환율시스템으로, 공동변동환율제라고도 불린다. 유럽 역내 통화 환율은 2.25% 이내의 일정한 상하 변동 구간에서 유지되도록 하고, 역외 통화에 대해서는 변동환율제도가 가능하도록 허용하였다.

6개 국가로 시작한 스네이크체제는 점차 가입국 수가 늘어났다. 그러나 가입국 상호 간의 경제력 차이로 인해 환율이 밴드의 일정 폭을 벗어나지 못하게 되자 투기세력이 등장하게 되었고 몇몇 국가가 탈퇴를 선언함에 따라 체제의 영향력이 크게 줄어들었다. 그 결과 영국과 그리스를 제외한 유럽공동체 8개국은 유럽통화제도(EMS, European Monetary System)를 새로이 창설하게 되었다.

그러나 유럽공동체뿐만 아니라 세계 전체를 관장하는 공통된 환율제도는 제대로 마련되지 못하여 국제통화시장은 또다시 혼란에 빠지게 된다. 그러던 중 1976년 '킹스턴체제(kingston system)'가 출범하게 된다. 브레턴우즈체제의 붕괴 이후 세계는 각국이 찍어낸 통화량에 따라 통화 가치가 변동할 수 있다는 점을 뼈저리게 느끼게 된다. 따라서 킹스턴체제에서는 대부분의 국가들에게 자유롭게 환율제도를 선택할 수 있게 하고, 통화로서의 금의 역할을 축소하는 내용이 포함된다.

킹스턴체제는 1976년 자메이카의 수도인 킹스턴에서 체결되어 현재까지 유지되고 있는 시스템이다. 이 시스템은 각국이 환율제도를 자유롭게 채택할 수 있게 함으로써 공통된 체제가 없다는 의미에서 'non-system'이라고도 불린다.

주요 내용은 IMF 회원국 모두는 변동환율제와 고정환율제 중 자유롭게 환율제도를 선택한다. 그리고 회원국은 환율의 변동성(volatility)을 완화하기 위하여 외환시장 개입은 할 수 있으나 환율을 조작

(manipulation)해서는 안 된다. 또한, 달러와 금과의 관계를 단절시키고 통화로서의 금의 역할을 축소하며 궁극적으로는 금을 폐화시킨다. 반면에 대외준비자산으로 미 달러화 대신 특별인출권인 SDR(special drawing rights)을 창출한다는 것이었다.

그러나 30년 넘게 지속해 오고 있는 이 체제에도 문제가 누적되어 오고 있다. 대표적인 문제점은 변동환율제가 본격적으로 시행됨에 따라 세계 금융시장이 끝없는 불확실성의 시대로 휘몰려 들어가게 되었다는 것이다. 전 세계는 시시각각 변하는 환위험에 노출되었으며, 이러한 리스크를 헤징(hedging)하기 위해서 선물이나 콜옵션 등 수많은 파생상품이 생기게 되었다. 이런 파생상품들은 글로벌 금융위기를 초래하는 단초가 되고 있다.

3*

'플라자 합의'와 금융에 의한
세계 지배 전략

흔히들 금융을 경제의 혈맥이라고 부른다. 금융이 원활하지 못하면 경제가 동맥경화증에 걸리기 마련이다. 다시 말해 제조업이 아무리 강력한 경쟁력을 가지고 있다고 하더라도 금융이 제대로 받쳐주지 않으면 경제가 원활히 돌아가지 않는다는 뜻이다. 미국과 일본 경제의 부침에서 이를 잘 알 수가 있다.

1980년대 까지만 해도 제조업 강국이던 일본은 세계 제패의 꿈을 키웠다. '21세기 일본의 시대', 혹은 '일본 제일(Japan as Number One)'이라는 말이 유행어가 됐다. 그러나 1990년대 들어 일본의 영향력은 급격히 축소되었다. 일본이 이처럼 패권경쟁에서 뒤떨어지게 된 이유는 경제력의 중심이 제조업에서 금융으로 옮겨가는 패러다임 시프트(paradigm shift)에 적절히 대응하지 못했기 때문이라는 분석이다.

미국은 세계 최강의 경쟁력을 자랑하던 제조업의 경쟁력이 1970년대 들어 약화하기 시작했다. 그 자리를 일본에 넘겨주게 된 것이다. 이후 미국은 무역수지가 적자로 돌아서고 갈수록 적자 규모가 커지게 된다. 특히 일본으로부터의 무역수지 적자가 심각했다. 미국은 특단의 대책을 마련하기로 했다. 다름 아닌 달러 약세를 통해 제조업의 경쟁력을 회복하고 아울러 무역수지도 개선하는 것이었다.

이를 위해 미국은 1985년 '플라자 합의(Plaza Accord)'를 도출해 내었다. 그러나 이 구상은 결과적으로 실패했다. 일본과 독일 등 무역 흑자를 보이던 나라의 통화를 대폭 절상시키고 달러 약세를 꾀했지만, 미국의 무역수지는 개선되지 않았다. 저달러 정책은 무역수지 개선에 도움이 안 되고, 오히려 외국인 투자에 방해가 되었다. 또 엔고 현상으로 수입 일본 제품의 물가가 높아져 미국인들 생활에 고통을 주게 되었다. 미국 경제에는 제조업의 기술력과 서비스산업 경쟁력 약화 등 근본적인 문제가 있었다.

결국, 미국은 '플라자 합의' 10년만인 1995년, G7 재무장관 회의에서 엔고 쇼크를 해소한다는 명분으로 '역(逆) 플라자 합의'를 도출하게 된다. 이는 무역수지의 개선을 포기하고, 대신 자본수지의 개선을 목표로 하는 것이다. 이를 위해 달러 강세를 유도하는 승부수를 던졌다. 정책 작동 메커니즘은 강달러에 몰린 자본을 유치하여 자본수지 흑자를 달성함으로써 결과적으로 종합 수지 균형을 이루는 효과를 거두게 된다는 것이다. 이것이 바로 '루빈 독트린(Rubin doctrine)', 즉 당시 로

버트 루빈(Robert Rubin) 미국 재무장관의 '금융에 의한 미국의 세계 경제 지배 전략'의 골자이다. 다시 말해 통상을 통한 문제 해결 방식을 버리고, 금융을 통해 세계의 주도권을 행사하겠다는 정책 전환이었다. 이는 세계 경제의 주도권은 돈의 흐름, 즉 금융에 있다는 것을 뜻한다.

이후 이 전략은 세계화, 자유화라는 신자유주의 사조와 맞물려 착실히 진행되었고 대성공을 거두게 된다. 새로운 금융상품과 금융기법이 쏟아져 나왔다. 선물(futures), 옵션(option) 등 각종 파생상품, 사모펀드(Private equity fund)와 헤지펀드(Hedge fund) 등이 그 예이다. 또 미국의 글로벌 투자은행(IB)들이 금융에 의한 세계 지배 전략의 전면에 나섰다. 그 결과 미국의 상업금융기관들이 몰려 있던 뉴욕은 영국 런던을 제치고 세계 금융시장의 중심에 우뚝 서게 되었다.

특히, 당시 미국 연방준비이사회(FRB) 의장이던 앨런 그린스펀(Alan Greenspan)은 이러한 추세를 적극적으로 뒷받침했다. 그는 연이어 금리를 인하하고 돈을 풀었다. 다행히 당시 중국이 생필품들을 값싸게 공급하고 있었기에 인플레 걱정도 없었다. 소위 저물가 속의 고성장이라는 '골디락스(goldilocks)' 경제를 즐겼다.

금융 지배 전략의 성공으로 미국 금융산업은 막강한 경쟁력을 갖추고 발전하게 된다. 아울러 막강한 자본력의 뒷받침으로 IT(Information Technology) 기업들의 급속한 성장 발판까지 조성되었다. 이런 과정을 통해 미국 달러는 다시금 안정적으로 기축통화 지위를 유지할 수 있게 된다. 세계 경제 또한 금융과 실물의 통합성이 높아지는 등 긍정적인 효과를 거두게 된다. 그러나 시간이 흐를수록 여러 가지 탐욕적인 부작용들이 더 두드러지게 나타나기 시작했다.

우선, 금융부문의 과도한 팽창으로 자본주의의 불안정성을 높이는 요인으로 작용하였다는 점이다. 특히 급격한 자본 이동과 환율 변동성의 증대는 국제 금융 질서를 더욱 불안정하고 균형을 상실하게 만들어 놓았다. 이제 전 세계는 시시각각 변하는 환위험에 노출되어 있으며, 이러한 리스크(risk)를 헤징(hedging)하기 위해서 선물이나 옵션 등 수많은 파생상품이 만들어져 나오게 되었다.

그리고 단기차익의 극대화를 노린 헤지펀드나 사모펀드는 극심한 투기성을 추구하였다. 하루가 멀게 쏟아져 나오는 이러한 신종 금융상품들로 인해 자본의 이동성은 한층 더 커졌고, 이로 인해 1990년대 후반 아시아 지역에서 발생한 외환위기가 세계적 위기로 확산되었다.

또 다른 문제점으로는 투기적 금융자본이 거두는 막대한 이익이 국제 사회에서 부의 양극화를 더욱 심화시키고 경제사회의 불안정성을 높이는 요인이 되고 있다는 것이다. 즉 이 시절에 확산·누적된 대기업과 부자의 탐욕, 승자독식 메커니즘 등은 심각한 양극화 현상과 각종 사회 부조리를 양산하는 후유증을 낳았다. 나아가 외환이나 선물시장의 유동성을 높여 원자재 가격의 폭등이나 외환 가치의 변동 등으로 산업생산에도 심각한 영향을 끼치고 있다.

이러한 상황 속에서 2008년에는 또다시 글로벌 금융위기가 터지게 된다. 이번의 위기는 과거처럼 이머징마켓(Emerging Market)이 아니라, 달러라는 기축통화를 무기로 금융자본주의를 주도해 나가고 있던 미국이 그 진원지이었다.

당시 금융권 지배세력에 불만을 품은 군중들은 '월가를 점령하라!(Occupy Wall Street!)'는 기치를 내걸고 봉기했다. 그들은 대기업과 금융자본의 탐욕, 사회 부조리 시정을 위하여 가진 자들이 솔선수범할 것을 강력히 요구했다. 또 시장 논리에 근거하여 고삐가 풀렸던 금융산업에 대한 규제를 강화하고 대기업의 탐욕을 억제하는 적극적인 정책을 펴라고 요구했다. 나아가 이들은 금융권의 탐욕이 사람들의 윤리의식을 병들게 했을 뿐만 아니라 양극화를 초래해 사회공동체를 피폐화시켰다면서 자신과 돈밖에 모르는 천민자본주의를 종식하고 새로운 자본주의를 열어갈 것을 주장하였다.

이후 국제 사회에서는 국제통화 질서와 체제 개편 문제를 광범위하게 논의해 오고 있다. 이 논의의 핵심은 달러 기축통화체제의 불안정성을 줄이는 방안을 도출해 내는 것이다. 이를 위해 급격한 자본 이동의 방지와 단기 외환시장의 변동성을 줄이기 위한 노력을 강화해 나가고 있다. 아울러 금융기관의 자본 건전성을 높이는 등 국제금융시스템의 안전망을 강화하는 노력도 기울여 나가고 있다.

이와 함께 신자유주의체제를 개선하는 문제에 대해서도 고민을 해나가고 있다. 이는 자본주의체제가 앞으로도 지속할 수 있도록 하기 위해서는 정부와 시장이 상호보완적이어야 한다는 인식을 기반으로 한다. 그리고 신자유주의가 지녔던 시장 만능 사상에서 벗어나 시장의 기능을 일부 보완해 나가야 한다는 것이다. 특히, 그동안 시장이 가장 중요시해 오던 경쟁의 원리를 재평가해 볼 필요가 있다는 것이다.

과연 그동안 시장에서 경쟁이 공정하게 이루어져 왔을까? 과도한 경쟁은 이루어지지 않았는가? 경쟁에서 살아남기 위해 탈법과 부도덕한 수단이 동원되지는 않았는가? 그리고 경쟁으로 인해 발생하는 후유증은 무엇이며 이를 치유하는 방법은 무엇일까?

우리는 모두 이런 의문을 가지고 성찰하며 또 개선하는 방안을 연구 검토해 나가야 할 책임과 의무를 지니고 있다.

4 '페트로 달러'체제의 구축

석유 가격의 결정 요인은 다양하지만, 기본적으로는 수요와 공급에 따라 결정된다. 우선 수요는 세계 경제의 움직임에 의해 결정된다. 즉 세계 경제가 불황이면 수요가 줄어들어 유가가 하락하지만 반대로 경기가 호전되면 수요가 늘어나 가격이 오르게 된다. 그러나 공급 요인은 수요보다 좀 더 복잡하여 주로 OPEC의 영향력에 좌우되고 있다.

석유수출국기구인 OPEC(Organization of the Petroleum Exporting Countries)은 1960년 9월 원유 가격 하락을 방지하기 위해 이라크 정부의 초청으로 개최된 바그다드회의에서 이라크·이란·사우디아라비아·쿠웨이트·베네수엘라 등 5대 석유 생산·수출국 대표가 모여 결성한 협의체이다. 이후 아랍에미리트(UAE), 리비아, 나이지리아 등이 추가로 가입하면서 2023년 기준 회원국 수는 13개국이다.

처음 OPEC을 결성할 당시에는 원유 공시가격의 하락을 저지하고 산유국 간의 정책 협조와 이를 위한 정보 수집 및 교환을 목적으로 하는 가격카르텔 성격의 기구였다. 그러나 1973년 제1차 석유위기를 주도하여 석유 가격 상승에 성공한 후부터는 원유가의 지속적인 상승을 도모하기 위해 생산량을 조절하는 생산카르텔로 변질되었다.

이후 OPEC는 OPEC+로 확장된다. 2018년 이후 미국 셰일오일 (shale oil)의 부상, 러시아·멕시코·말레이시아·오만·카자흐스탄 같은 주요 비OPEC 산유국의 성장으로 OPEC이 지닌 카르텔 효과가 상실되어 갔다. 이에 기존 OPEC 13개국과 러시아를 포함한 비OPEC 산유국 10개국들이 모여서 회의를 통해 석유 생산량 제한을 논의하는 경우가 많아지고 있다. 이들은 세계 석유 공급량의 55%, 매장량의 90%를 차지한다. 이를 OPEC 본부가 있는 빈을 따서 '비엔나그룹(Vienna Group)' 혹은 'OPEC+'라고 부른다.

1973년 10월 6일, 이집트와 시리아가 이스라엘을 침공하는 제4차 중동전쟁, 욤키푸르전쟁이 발발하였다. 이로부터 10일 후인 16일에는 페르시아만의 6개 석유 수출국들이 OPEC 회의에서 원유 가격 인상과 생산량 감축을 발표했다. 중동전쟁에서 석유를 정치적인 무기로 사용할 것을 선언한 것이다. 이에 따라 1973년 초 배럴(barrel)당 2달러 59센트(Dubai 유)였던 국제 원유 가격은 1년 만에 11달러 65센트로 무려 4배 가까이 올랐다. 이것이 세계 제1차 석유파동의 시작이었다. 석유 1배럴(barrel)은 158.9ℓ에 해당한다.

제1차 석유파동은 석유 수입국들로서는 석유 공황이었다. 세계 경제 성장률이 크게 떨어져 1975년 서방 선진국은 마이너스 성장을 하였고, 인플레이션이 가속화되었으며 국제수지도 대폭적인 적자를 기록하였다. 우리나라는 1973년 3.5%였던 물가 상승률이 1974년 24.8%로 급상승하였고, 경제 성장률은 12.3%에서 7.4%로 떨어졌다. 무역수지 적자 폭도 10억 달러에서 24억 달러로 크게 확대되었다. 이런 추세가 지속되다가 1976년에서야 비로소 경제는 정상을 되찾았다.

제1차 석유파동은 1978년 일단 진정되었으나, 1979년 초 이란의 호메이니가 주도한 이슬람 혁명을 계기로 제2차 석유파동이 일어났다. 호메이니는 전면적인 석유 수출 중단에 나섰고, 이로 인해 배럴당 13달러대이던 유가는 20달러를 돌파했다. 더욱이 1980년 9월 '이란-이라크' 전쟁으로 30달러 벽이 깨졌고, 사우디아라비아가 석유 무기화를 천명한 1981년 1월, 두바이(Dubai)유는 39달러의 정점에 도달했다. 그러다가 1981년 10월, 34달러 선에서 단일화되었다. 1978년의 12달러 70센트에서 무려 168% 오른 것이다 .

한편, 우리나라 경제는 제1차 석유파동 때에 다른 국가에 비해 상대적으로 영향을 적게 받았으나, 제2차 석유파동 때는 극심한 피해를 입었다. 이는 제1차 석유파동 이후 경제체질 개선이 이루어지지 못하고 중화학공업 확대정책에 중점을 둔 것에 기인한다.

대내적으로 10·26 사건과 1980년의 정치 혼란이 겹치면서 1980

년의 실질 성장률은 경제개발 이후 처음으로 마이너스(-2.1%)를 기록했다. 물가 상승률은 무려 28.7%에 달했고 실업률도 5%를 넘어섰다. 참고로 2022년 우리나라 연간 원유 수입 규모는 10억 3,128만 배럴, 1,058억 달러로 이는 총수입 규모 7,321억 달러의 14.5%에 해당한다.

2000년 이후에도 수차례 유가가 급상승하면서 제3차 석유파동이 오는 것이 아니냐는 염려가 일었다. 국제 유가는 2008년 7월 5일, 배럴당 146달러를 돌파해 최고치를 나타내었다. 2014년 7월까지도 배럴당 100달러를 웃돌았다. 그러나 이후 하락세를 보여 2016년 초에는 배럴당 20달러 선으로까지 급락하였다. 이는 2014년부터 미국에서 세일오일(shale oil)이 등장하고 이에 따른 미국과 사우디아라비아의 석유패권 충돌로 벌어진 치킨게임으로 발생한 현상이었다.

국제 원유 가격 추이

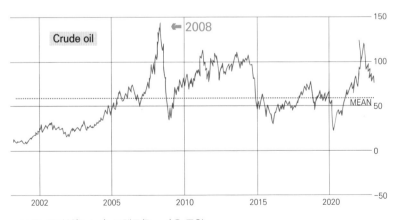

* WTI, 두바이(Dubai), 브렌트(Brent)유 종합

그러나 2018년 들어 산유국들이 공급물량을 조절함으로써 유가는 다소 상승하여 배럴당 60~80달러 선으로 회복하였다. 이후 2019년부터는 경기 둔화로 수요가 줄어들고, 공급은 미국을 중심으로 늘어나면서 유가는 또다시 크게 하락하였다. 다만, 우크라이나 전쟁과 OPEC의 감산 조치 등의 요인으로 유가는 다소 오르는 모습을 보이면서 2023년 6월 기준 배럴당 70달러 선을 나타내고 있다.

1971년 닉슨 쇼크(Nixon shock) 이후 흔들리던 달러의 기축통화 지위는 '페트로 달러체제(Petro dollar system)'가 구축되면서 안착하게 된다. 현재 공개시장에서의 국제 원유는 오로지 미국 달러로만 거래되고 있다. 이는 1974년 사우디아라비아의 파이잘(Faisal) 국왕과 미국의 헨리 키신저(Henry Kissinger) 국무장관이 제4차 중동전쟁으로 인한 오일쇼크(oil shock)를 해소하기 위해 비밀리에 맺은 비공식 계약에 근거한다.

닉슨 쇼크 이후 미국 달러의 가치는 바닥으로 추락했다. 금과 교환할 수 없게 되었을 뿐만 아니라 미국 달러의 통화량은 계속해서 늘어날 수밖에 없는 구조였기 때문이다. 미국 달러화가 과잉 공급되면 달러 가치가 하락해 구매력이 폭락하므로 기축통화 지위가 위협받을 수 있다. 미국은 닉슨 쇼크 이후 달러의 기축통화 지위를 지키기 위해 중동 오일 쇼크를 계기로 사우디아라비아와의 거래를 통해 달러의 가치를 다시 상승시키고자 하였다.

미국의 강력한 군사력을 제공해주는 대신 오로지 미국 달러로만 원유를 결제하게 하도록 약속을 받은 것이다. 이를 통해 국제 원유 거래 대금을 오직 미국 달러로만 결제하도록 한 시스템, 즉 '페트로 달러(petro dollar)' 체제가 안착된 것이다. 그 이전의 세계 원유 거래는 영국 파운드, 프랑스 프랑 등 다양한 통화로 이루어졌다. 사실 '페트로 달러' 체제는 사우디아라비아로서도 좋은 조건의 거래였다. 당시 미국은 세계 1위의 원유 수입국이었다. 또 달러화는 각국 중앙은행들의 외환 보유고에서 70% 이상을 차지하는 기축통화로서의 신뢰성을 여전히 보유하고 있었기 때문이다. 더욱이 미국 덕분에 안보문제도 해결할 수 있었다.

'페트로 달러(petro dollar)' 체제의 확실한 구축을 위해 미국은 1975년 12월 「에너지 정책 및 절약법(Energy Policy and Conservation Act)」을 만들었다. 이를 통해 미국의 원유 수출을 금지해 국제 원유시장에서 아예 미국산 원유를 빼버렸다. 그렇게 사우디아라비아에 막대한 원유 수출 이익을 몰아준 미국은 페트로 달러를 통해 세계 원유시장을 통제하는 것은 물론, 세계 기축통화로서의 달러 가치를 유지하는 효과를 얻고 있었다.

이는 석유가 달러로만 거래되기 때문에 석유 수입국들은 항상 거액의 달러를 비축해야 하기 때문이다. 또 석유는 지속해서 생산과 소비가 일어나는 구조이므로 달러 통화량의 증가에도 불구하고 달러의 가치가 어느 정도 유지될 수 있었다. 이에 따라 미국 달러는 기축통화의 지위를 계속 유지할 수 있게 된 것이다. 나아가 국제 경제 질서에서 미국 달러 의존도를 획기적으로 높임으로써 아예 대체 불가능한 결제 수단에까지 이르게 되었다.

오랜 세월 동안 국제 원유시장은 달러 독주 체제였다. 뉴욕상업거래소(NYMEX)를 비롯해 런던선물거래소(ICE), 싱가포르상품거래소(SMX), 두바이상업거래소(DME) 등 주요 원유 선물시장은 모두 '배럴당 달러'를 기준으로 가격을 책정한다. 결제도 당연히 달러로 한다. 달러가 아닌 다른 통화로 원유를 구매하는 나라는 2022년 러시아의 우크라이나 침공 이전까지는 베네수엘라, 이란 등 미국의 금융제재를 받고 있어 달러를 쓸 수 없는 나라뿐이었다. 그 결과 지금도 일반 상품거래 결제에서 달러가 차지하는 비중은 60~70% 정도이지만, 원유 결제에는 90% 이상을 차지하고 있다.

미국이 '페트로 달러' 체제를 구축하면서 얻게 된 또 다른 혜택은 외국인 투자 수입을 통해 재정적자를 충당하고 자본수지 개선을 할 수 있었다는 것이다. 즉 산유국들은 석유를 팔아 축적한 많은 양의 달러, 즉 오일 달러(oil dollar) 혹은 오일 머니(oil money)로 불리는 자금을 미국 국채 및 기타 금융자산에 투자하였다. 이것은 미국 정부의 재정지출에 자금을 지원하는 것으로, 결국 미국 경제성장에 이바지했다. 이런 과정을 통해 달러패권을 유지하는 데 크게 기여하게 된 것이다.

그러나 '페트로 달러' 체제는 2010년대 중반 미국에서 셰일가스

(shale gas)와 셰일오일(shale oil)이 개발되면서부터 금이 가기 시작했다. 더욱이 2020년대 접어들면서 미국과 사우디아라비아 관계에 균열이 생기면서부터는 심각한 위협에 빠져든 상황에 놓이게 된다.

제
3
장

달러패권의 약화

미국 경제력과 달러패권의 위상 약화

　한 나라의 통화 가치는 기본적으로 자국 경제의 기초 체력, 즉 펀더
멘탈(fundamental)을 반영하고 있다. 따라서 경제 펀더멘탈이 좋으면
통화 가치가 상승하고, 펀더멘탈이 약화될 경우 통화의 가치도 떨어지
게 되는 것이다. 특히, 다른 나라 경제력과의 상대적 비교와 차이를 통
해 자국 통화 가치의 수준이 결정되고 있다. 그 결과 통화 강세는 자국
의 경제력이 강화되었음을, 통화 약세는 그만큼 경제력이 약화되었다
는 의미이기도 하다.

　미국 경제는 세계 경제에서 차지하는 비중이 갈수록 줄어들고 있다.
미국의 국내 총생산(GDP)이 세계에서 차지하는 비중은 2001년 31.3%
에서 2022년 25.4%로 축소되었다. 반면, 같은 기간 중국의 비중은
3.9%에서 2022년 18.3%로 급증하였다. 이는 2001~2022년 기간 동

안 중국의 연평균 경제 성장률이 세계 평균 3.5%보다 2배 이상 높은 8.4%를 기록한 데 비해, 미국은 1.9%에 그쳤기 때문이다. 물론 이 기에 중국 비중이 더 늘어난 이유로는 미국 비중이 줄어든 것과 아울러 일본의 비중이 12.9%에서 4.2%로 급감한 것도 작용하였다.

미국과 중국의 연도별 GDP 상승률

한편, 같은 기간 동안 미국의 무역수지 적자와 대외순부채 규모도 대폭 증가하였다. 2001~2022년 동안 미국의 경상수지 적자 규모는 무려 11조 8,600억 달러에 달했다. 또 대외순부채(대외자산-대외부채)는 2001년 2조 2,945억 달러에서 2022년 16조 1,200억 달러로 급증하였다.

재정적자 규모도 대폭 늘어났다. 2000년대 테러와의 전쟁 이후 미국 재정적자는 기하급수적으로 증가하였다. 그 이후로도 2008년 금융위기, 2020년 코로나 팬데믹(pandemic) 사태 극복을 위한 재정지출 과정에서 대규모 적자 국채를 발행하게 되었다. 그 결과 연방정부 부채가 GDP에서 차지하는 비중은 2001년 54.5% → 2019년 107.2% → 2022년 129% 수준으로 급증하였다. 미국 경제가 늘어난 부채 규모를 감당하기가 불가능한 것은 아닌가 하는 의구심이 커지게 된 것은 물론이다. 더욱이 정부 부채의 한도를 증액하는 과정에서 정치권의 갈등으로 디폴트(default) 우려마저 제기되었다.

이처럼 미국 경제가 전반적으로 어려움을 겪는 과정에서 달러화의 위상도 동시에 약화되어 갔다. 이를 보다 구체적으로 알아보자.

우선, 국제 결제와 외환 보유고 구성비에서의 달러의 비중 감소이다. 물론 세계 중앙은행의 외환 보유고에서 달러가 차지하는 비중은 여전히 50%를 웃돌며 1위를 유지하고 있지만, 20년 동안 10%p 이상 축소되었다. 즉 2001년 71.5%에 달하던 달러 비중은 2008년 글로벌

전 세계 중앙은행 외환 보유고 통화별 비중(%)

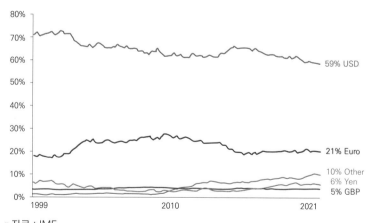

* 자료 : IMF

금융위기를 겪으면서 65% 아래로 떨어졌고, 2020년 4분기 이후부터는 60% 밑으로 하락하더니 2022년에는 58.4%로 줄어들었다. 반면, 같은 기간 유로화는 19.2% → 20.5%, 엔화는 5% → 5.5%로 각각 상승했다. 특히 중국 위안화는 0 → 2.7%로 대폭 상승하였다.

다음은 세계 외환시장에서의 달러 결제 비중이 점차 하락하고 있다는 사실이다. 국경을 넘어서는 거래는 대외결제(경상계정+금융계정), 외환 거래, 국가 간 채권 발행, 대외 대출, 외환 보유 등으로 구성된다. 이 중에서도 가장 큰 규모를 차지하는 것은 글로벌 외환 거래이다. 외환 거래는 현물(Spot), 외환 교환(FX swaps), 외환 선도 거래(forwards) 등으로 구성되며, 2022년 일별 거래대금은 7조 5천억 달러였다.

국제 결제은행(BIS) 통계에 의한 2022년 말 기준 통화별 외환 거래

세계 외환시장에서 주요 통화의 비중

* 2022년은 3분기 기준/자료 : BIS(2022.10), Triennial Central Bank Survey

규모 비중은 미국 달러는 1위를 고수하고 있으나, 절반에 못 미치는 44%에 불과하였다. 달러에 이어 유로 16%, 엔화 9%, 파운드 7%, 위안화 4% 순이며, 원화는 1%를 차지하였다. 달러 결제 비중 하락의 주요인은 1999년 유로화의 출범이지만 달러패권의 약화 요인들이 점차 증대하는 것은 숨길 수 없는 사실이다.

이와 함께 스위프트(SWIFT) 결제망에서 사용된 달러화 비중 또한 50% 이하를 맴돌고 있다. 물론 2023년 4월 기준 42.7%로 1위를 고수하고 있으나, 2위 유로화와의 격차는 11%p에 불과했다. 2위인 유로화가 31.7%, 파운드화 6.7%, 엔화 3.5%, 위안화 2.3%를 각각 나타내었다.

이제 달러 인덱스(USDX, US Dollar Index) 변동 추이를 통해 달러의 위상을 살펴보자. 달러 인덱스는 미국 달러 가치의 상대적인 높낮이를 측정하는 지표로써 글로벌시장에서 널리 사용되고 있다. 이는 세계 주요 6개 통화인 유로(57.6%), 엔(13.6%), 영국 파운드(11.9%), 캐나다 달러(9.1%), 스웨덴 크로나(4.2%), 스위스 프랑(3.6%)의 가치에 경제 규모 비중을 적용해 산출한 값을 미국 달러와 비교한 수치다.

지수는 1973년 3월 값＝100으로 해, 미국 연방준비제도이사회(FRB)에서 발표하고 있다. 통상 지수가 100보다 높으면 미국 달러 강세, 100보다 낮으면 미국 달러 약세를 의미한다. 이는 또 달러 강세는 미국 경제력의 강화, 그리고 달러 약세는 그만큼 미국의 경제력이 약화되었다는 의미이기도 하다. 1973년 이후 지수의 최고치는 남미 부채위기 발생 시기인 1985년 1월의 164.72였고, 최저치는 글로벌 금융위기 발생 시기인 2008년 3월의 70.69였다.

한편, 최근 10년 동안의 달러 인덱스 변동치를 보면 최저치는 2015년 5월 9일의 79.12였고, 최고치는 2022년 9월 27일의 114.04였다. 2022년 9~10월 무렵 달러는 불과 한해에 4.75%p(0.0~0.25%→4.75~5.00%)에 이르는 급격한 금리 인상 덕분에 '킹달러(king dollar)'의 위용을 과시하고 있었다. 당시의 달러 최고치는 달러당 150엔, 1,442.5원, 7.4위안이었다. 또 1유로당 0.962 달러, 1파운드당 1.075 달러까지 상승하였다. 결과적으로 주요국들의 모든 통화 가치를 수십 년 만에 최저로 끌어내렸다. 이후 다른 통화들도 금리 인상 대열에 동참하자 달러 강세 현상은 다소 주춤해졌고 달러지수도 상대적으로 하락하였다. 그래서 2023년 7월의 지수는 100을 약간 웃도는 수준에서 등락하고 있다

미국 달러 인덱스 지수 변화

* 자료 : Trading view

2* 재정적자 확대와 부채 한도 증액

미국에는 툭하면 정부 폐쇄 조치 현상이 벌어지고 있다. 연방정부 폐쇄(Federal Government shutdown)는 미국 의회가 연방정부 및 연방 기관의 예산안이나 예산 계속 결의 합의에 실패하여 통과가 실패하거나, 미국의 대통령이 예산안 또는 예산 계속 결의 서명을 하지 않을 때 일어나는 상황이다.

이 경우 정부는 일부 필수적인 기능만 유지한 채 업무를 잠정 중단하게 된다. 다만, 군인, 경찰, 소방, 교정, 기상예보, 우편, 항공, 전기 및 수도 등 국민의 생명과 재산 보호에 직결되는 업무에 종사하는 핵심기관 서비스는 유지된다. 그 외의 공무원들은 강제 무급휴가를 떠나야 하며, 예산이 배정될 때까지 자발적 무보수 근무도 할 수 없다. 아울러 핵심기관 공무원들도 일은 하지만 예산안 의결 전까지는 보수를 받지 못한다.

미국은 1997년 이래 단 한 번도 회계연도 시작 전에 연방예산안을 확정한 적이 없으며 1980년 이래 10번이나 연방정부 기관들을 부분 폐쇄하는 셧다운이 벌어졌다. 가장 최근에는 트럼프(Donald Trump) 대통령 시절인 2018년 12월부터 2019년 1월 사이에 역대 최장기간인 35일 동안이나 연방정부 기관들이 부분 폐쇄된 셧다운을 겪었다. 당시 연방 공무원들 가운데 비필수 요원으로 분류된 38만여 명이 강제 무급 휴가를 가야 했고, 국민의 불편과 함께 50억 달러에 달하는 경제적 손실을 보았다.

이러한 정부 폐쇄 조치가 발동하게 되는 근본 원인은 국가 부채 한도의 증액이라는 문제에서 비롯된다. 미국 정부의 부채 한도는 연방정부가 빌려 쓸 수 있는 돈을 미국 의회가 제한하는 제도다. 미국 행정부는 부채 한도에 도달하면 더이상 국채를 발행할 수 없게 된다. 이렇게 되면 연방정부 공무원들의 월급과 사회보장 급여를 지급하지 못하고 국채 원리금도 갚을 수 없다. 그런데 정부 폐쇄 조치 이후에도 부채 한도 협상이 타결되지 못하면 결국 국가 채무 불이행 즉 디폴트(default)를 선언하게 된다. 이 경우 세계 경제는 커다란 혼돈 속에 빠질 우려가 있다.

미국이 디폴트를 선언할 경우는 물론이고, 디폴트 우려의 기미만 나타나도 전 세계 금융시장과 경제는 엄청난 소용돌이 속으로 빠져들게 될 것이다. 이는 미국 정부 신용등급 하락과 미국 국채 신뢰도 하락을 초래하면서 전 세계 금융시장은 거의 마비가 될 공산이 크다. 그리고 전 세계적인 탈달러화(de-dollarization) 현상이 심화하면서 기축통화인 미국 달러화의 위기로 번질 수도 있다. 미국은 이런 디폴트 상황을 막기 위해 그동안 꾸준히 부채 한도를 올려왔다.

　미국 부채 한도 증액의 역사를 알아보자. 미국은 1917년 제1차 세계대전에 참전하며 전비 조달을 위한 입법이 필요하여 이때 부채 한도를 처음으로 도입했다. 채무 수준을 제한하지 않을 경우, 과다 차입으로 인해 인플레이션을 초래하고 재정 건전성을 해칠 것을 우려했기 때문이다. 한마디로 정부 재정의 책임성과 지속 가능성을 확보하기 위해 취해진 조치였다.

　그러나 의회가 설정한 한도는 지켜지지 않았고, 도입 이후 최근까지 모두 100차례 가까이 한도가 확대되거나 적용이 유예되기도 했다. 정부 수입은 일정치 않았던 반면, 지출이 지속적으로 늘어남에 따라 부채가 누적됐기 때문이다. 복지지출 외에도 예상치 못한 상황들, 즉 전쟁이나 경제 위기, 금융 위기, 팬데믹(pandemic) 등 정부가 나설 수밖에 없는 상황이 계속 생겨났다.

　제2차 세계대전 기간에 한도가 수차례 증액됐던 경우와 2020년 코로나 사태로 한도 적용이 유예됐던 것이 정부와 의회의 합의를 통해 이뤄진 대표적인 사례다. 만약 증액이나 유예 조치가 없었다면 정부는 추가 자금을 빌릴 수 없었을 것이며, 채무 불이행이나 정부 폐쇄 같은 극단적 상황에 직면했을 것이다.

이처럼 미국 연방정부의 부채 한도 증액은 의회와 행정부 간의 갈등과 타협의 과정을 거쳐 결정된다. 특히 정부의 적극적인 역할을 중시하는 민주당이 집권하고, 감세와 작은 정부를 지향하는 공화당이 의회를 장악한 경우에는 그 대립과 갈등이 극대화된다.

가장 심했던 것은 2011년 민주당 출신인 오바마(Barack Obama)가 대통령이던 때였다. 당시 상원은 민주당이 다수당이었으나 예산권을 지닌 하원은 공화당이 장악하고 있었다. 부채 한도 증액을 위한 협상이 그해 봄부터 시작됐지만 수 개월간 진전이 없었다. 이처럼 불확실한 정치 경제적 상황은 미국뿐만 아니라 세계 경제에 큰 타격을 가하였다. 마감 시한을 불과 며칠 앞두고 극적인 합의가 이루어졌지만 신용등급이 사상 처음으로 강등당하는 사태가 벌어졌다. 당시 미국의 신용평가기관 S&P는 미국의 신용등급을 'AAA'에서 'AA+'로 한 단계 강등하여 글로벌 금융시장에 커다란 충격을 주었다.

얼마 전에도 부채 한도 협상이 지지부진하면서 이런 우려가 나타났다. 2005년 8조 2,000억 달러였던 연방정부 부채 한도를 2020년 20조 달러 이상으로 두 배 넘게 증액했다. 2021년 12월에는 또다시 31조 4,000억 달러로 부채 한도를 올렸지만 2023년 1월 그 한도를 모두 소진했다. 이후 행정부는 보유 현금 등을 돌려막는 특별조치를 취하며 버텨왔으나 결국 한계에 이르렀다. 부채 한도 상향 조정에 대한 의회와의 합의가 이루어지지 않으면 채무 불이행이나 정부 폐쇄가 불가피한 상황이었다.

다행히 우여곡절 끝에 미국 연방정부의 부채 한도를 늘리는 「2023 재정책임법」이 2023년 6월 초 의회를 통과했다. 공화당 매카시(Kevin McCarthy) 하원의장과 민주당 바이든(Joe Biden) 대통령 사이의 긴 협상 끝에 나온 타협안이었다. 법안은 2025년 1월 1일까지 2년 동안 부채 한도의 적용을 유예하는 대신, 같은 기간 정부 지출은 제한하는 내용으로 부채 한도를 상향한 것은 아니다.

그런데 이처럼 부채 한도 증액을 위한 갈등은 결국 정부가 대규모 재정적자를 내는 데서 비롯된다. 지난 50년 동안 미국 정부의 재정이 연간 흑자를 나타난 것은 5차례에 불과하다. 2000년대 들어서는 2001년 1천 3백억 달러의 흑자를 나타낸 이후 21년 동안 적자 행진이 이어졌다. 특히 코로나19가 본격 확산한 지난 2020년 이후 국가 부채 규모는 더욱 폭증했다. 연간 재정적자는 2020년 3조 1천 3백억 달러, 2021년 2조 7천 7백억 달러, 2022년 1조 3천 8백억 달러로 코로나 팬데믹(pandemic) 사태가 계속된 3년 동안의 재정적자는 모두 7조 3천억 달러 가까이 된다.

이러한 누적된 재정적자로 인해 국가 부채도 덩달아 커지게 되었다. 미국은 국가 채무 규모가 세계에서 가장 큰 나라이다. 미국이 31조 4,000억 달러를 웃돌지만, 미국 다음으로 규모가 큰 일본은 12조 달러가 채 되지 않는다. 물론 GDP 대비 국가 채무 비율은 미국이 129%로, 일본의 264%에 비해 훨씬 낮은 편이지만 채무의 절대 규모는 미국이 가장 크다.

더욱이 미국의 부채 규모와 GDP에 대비한 비율은 앞으로도 더 커질 것이다. 의회예산국(CBO, Congressional Budget Office)은 부채 비율이 2050년 195%까지 높아질 것으로 전망하고 있다. 이는 이자 비용이 증가하고 인플레이션과 차입 비용 상승의 악순환을 가져오며, 경제성장을 저해하고 재정위기를 초래할 수 있다는 것을 반영하고 있다.

이에 앞으로는 정부 채권 발행이 용이하지 않을 것이다. 더욱이 발행된 채권을 금융시장에 소화시키기는 더 어려워질 것으로 보인다. 이는 비록 부채 협상 실패로 인한 디폴트가 현실화되지는 않는다 하더라도, 근래 미국 정부가 취하고 있는 자국 우선주의 경향을 보면서 세계 각국은 이전처럼 채권 매입에 적극적으로 나설 가능성이 줄어들고 있기 때문이다.

이제까지 미국 국채는 가장 안전한 자산이었지만 디폴트 가능성, 그리고 장기채 금리가 단기채 금리를 밑도는 등 정부 신용이 떨어져 버린 현재 그 안전성에 의구심이 생기기 시작했다. 게다가 우크라이나 침공을 계기로 러시아의 해외 자산을 정부는 물론 개인의 것조차 동결시킴으로써 미국 국채에 대한 정치적 리스크도 커진 상황이다.

한편, 미국의 부채 한도와 재정적자 이슈에는 무역수지 적자에서와 같은 딜레마가 존재한다. 즉 부채 한도가 증액되면 국가 부채 상환 부담이 높아지면서 국가 신용도가 하락하게 되고, 나아가 기축통화 달러의 위상도 약화될 수 있다. 반면, 부채 한도가 증액되지 않으면 정부 폐쇄 조치나 디폴트로 치달으면서 더 큰 정치경제적 난관에 빠지게 될 것이다. 달러의 위상 약화는 두말할 필요가 없다.

이래저래 대규모 재정적자 문제는 미국 달러화의 위상을 하락시키는 근본 원인이 되고 있다.

GDP 대비 미국 국가 부채의 변화(%)

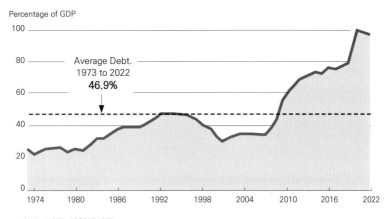

* 자료 : 미국 의회예산국

3* 대규모 양적완화와 양적 긴축

통화정책이란 독점적 발권력을 지닌 중앙은행이 통화량이나 금리에 영향을 미쳐 물가 안정, 금융안정 등을 달성함으로써 경제가 지속 가능한 성장을 이룰 수 있도록 하는 정책을 말한다. 일반적으로 중앙은행은 경기가 부진한 모습을 보일 때면 시중 유동성을 늘리기 위해 금리를 인하하거나 통화량 공급을 확대하고, 반대로 경기가 과열되거나 물가가 불안한 모습을 보이면 금리 인상과 통화량 공급을 줄이는 시책을 추진하게 된다.

미국의 중앙은행인 연방준비이사회(Fed, Federal Reserve Board)가 2008년 글로벌 금융위기와 2020년 코로나 사태 극복과정에서 추진한 통화정책 운용 방향은 다음과 같이 요약된다. 금리 인하 → 양적완화 → 테이퍼링 → 금리 인상 → 양적긴축의 과정이 반복적으로 진행되는 것이었다. 이 중에서도 특히 양적완화 시책은 미국뿐만 아니라 세계 경제에 매우 커다란 영향을 미치게 된다.

양적완화(QE, Quantitative Easing)란 기준금리 수준이 이미 너무 낮아서 금리 인하를 통한 효과를 기대할 수 없을 때 중앙은행이 국공채나 주택저당증권(MBS), 회사채 등 다양한 자산을 시중에서 사들여 통화 공급을 늘리는 시책이다. 일반적으로 중앙은행이 신용경색에 대응하는 방법은 기준금리를 낮추는 것이지만, 양적완화 시책은 기준금리가 너무 낮아 더이상 낮출 수 없는 환경에서 실시하게 된다.

반면, 테이퍼링(tapering)은 양적완화를 통해 공급하던 통화량을 점점 줄여나가는 시책을 뜻한다. 양적긴축(QT, Quantitative Tightening)은 시중에서 유동성을 흡수하는 시책을 의미하는데, 통상 금리 인상과 함께 추진되고 있다. 그리고 시중에 풀려나간 국채와 주택저당증권(MBS)의 만기가 돌아오면 재투자하지 않는 방식을 취한다.

그동안 미국은 몇 차례에 걸쳐 양적완화와 양적긴축 시책을 추진해왔지만, 가장 규모가 컸던 것은 2008년 글로벌 금융위기 극복과 2020년 코로나 사태 극복 과정에서 이뤄진 것이다. 두 차례의 시책을 보다 구체적으로 알아보자.

2008년 글로벌 금융위기 당시 Fed는 위기 극복을 위해 2007년 5.25%까지 상승해 있던 기준금리를 1년 만인 2008년 12월 제로(0~0.25%)로 인하했다. 금리를 인하한 덕분에 대출금의 이자 부담은 줄어들었지만 신용도가 낮아진 가계나 기업은 현금을 구하지 못하고 대출도 갚지 못하였다.

또 금리가 제로 상태라 더 낮추기도 어려웠다. 이를 해결하기 위해 2009년 3월부터 2014년 10월까지 3차례의 양적완화 조치를 단행했는데, 그 결과 약 4조 5천억 달러의 자금이 살포되었다. 이는 세계 경제 규모 3위 국가인 일본의 GDP와 맞먹는 수준이다.

이후 위기가 어느 정도 극복되면서 경제가 살아나기 시작하자 Fed는 2014년 1월부터 10월에 걸쳐 자금 공급 규모를 줄이는 테이퍼링을 단행했다. 이 과정에서 긴축발작(taper tantrum) 현상이 나타나기도 했다. 이는 조만간 예상되는 기준금리 인상을 우려한 투자자들이 자금을 회수함으로써 신흥국들의 통화 가치와 증시가 급락하는 사태를 의미한다.

아울러 양적완화를 종료한 이후 2015년 12월에는 제로금리의 종료도 선언하면서 금리를 지속해서 인상해 나갔다. 그 결과 2018년 말의 기준금리는 2.25~2.50%에 달했다. 금리 인상과 동시에 2017년부터는 양적긴축을 개시하였고, 그 결과 2년 동안 약 6천억 달러의 Fed 자산이 감축되었다.

다음은 코로나 사태 극복을 위한 양적완화 추진과정을 알아보자. 2019년 말 발생한 코로나 사태는 세계 경제를 수렁으로 몰아넣었다. 2020년 세계 경제 성장률은 -3.3%의 마이너스 성장이었으며 미국 또한 -3.4% 마이너스 성장률을 나타내었다. 이에 Fed는 경제 회복을 위한 통화정책을 추진하게 된다.

우선, 기준금리를 인하하여 2015년 12월 이전의 제로금리로 회귀시켰다. Fed는 2020년 3월 비상 연방공개시장위원회(FOMC)를 두 차례 개최하여 기준금리를 각각 0.5%p와 1%p씩 총 1.5%p 인하하여 제로금리로 환원시켰다. 기준금리 인하와 동시에 7천억 달러 규모의 양적완화 계획도 발표하였다. 이후에도 시장의 불안이 잦아들지 않자, 3월 23일 무제한 양적완화(Unlimited quantitative easing)를 단행키로 발표하였다. 이때의 4차례 양적완화 조치로 Fed의 자산 규모는 2019년 말 대비 약 5조 달러가 늘어났고, 2022년 6월의 자산 규모는 약 9조 달러에 이르게 되었다.

이후 코로나 사태가 진정되면서 양적완화의 필요성은 줄어들었다. 2021년 세계 경제는 5.9%의 고성장을 보였고 미국 또한 5.7%의 성장률을 나타냈다. 그러나 경기는 어느 정도 회복 기미를 보인 반면, 2022년 발발한 우크라이나 전쟁은 에너지 가격 상승이 주도하는 인플레이션 현상을 전 세계에 걸쳐 심화시켰다. 이에 2022년 6월에는 미국 소비자물가가 41년 만에 가장 높은 수준인 9.1%까지 치솟았다.

결국, Fed는 유동성 수습을 위한 테이퍼링과 양적긴축 정책을 추진하였다. 즉 2021년 11월 채권 매입의 규모를 줄이는 테이퍼링을 발표하였고 2022년 6월부터는 Fed의 대차대조표를 축소하는 양적긴축을 단행했다. 일반적으로 Fed의 적정 자산 규모는 GDP 대비 20% 정도로 추산되지만 실제로는 40% 가까이 이르고 있는 만큼 앞으로도 양적

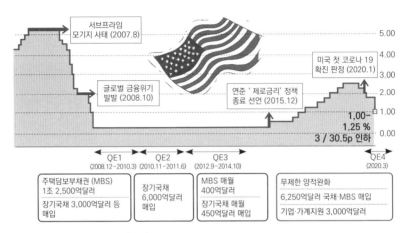

미국 기준금리 추이와 연준 양적완화

서브프라임 모기지 사태 (2007.8)		5.00
	미국 첫 코로나 19 확진 판정 (2020.1)	4.00 3.00
글로벌 금융위기 발발 (2008.10)	연준 '제로금리' 정책 종료 선언 (2015.12)	2.00 1.00
	1.00~ 1.25 % 3 / 30.5p 인하	0.00

QE1 (2008.12~2010.3)	QE2 (2010.11~2011.6)	QE3 (2012.9~2014.10)	QE4 (2020.3)
주택담보부채권 (MBS) 1조 2,500억달러	장기국채 6,000억달러 매입	MBS 매월 400억달러	무제한 양적완화
장기국채 3,000억달러 등 매입		장기국채 매월 450억달러 매입	6,250억달러 국채·MBS 매입
			기업·가계지원 3,000억달러

* 출처 : 미국연방준비제도 (Fed)

긴축 시책의 추진은 불가피할 것으로 보인다.

이제 양적완화가 세계 경제에 미치는 파장과 그 파급 경로를 알아보자. 2008년 글로벌 금융위기 당시 미국이 대규모의 양적완화 시책을 추진하자, 세계 각국은 기대와 우려를 동시에 가지게 되었다. 한편으로는 양적완화 시책을 통해 미국 경제가 어느 정도 회복되면 자국 경제에도 도움이 될 것이라는 기대가 있었다. 그러나 다른 한편으로는 달러 가치 하락이 가져올 파장에 대한 우려 또한 매우 컸다. 이에 그들도 마냥 손을 놓고 있을 수가 없었다.

이에 미국이 2009년부터 가장 먼저 양적완화를 실시한 이후 2012년부터는 유럽이 뒤를 이었고, 2013년부터는 일본도 본격적으로 시행하였다. 그 결과 세계는 온통 통화전쟁의 소용돌이 속으로 빠져들면서 세계 경제는 자칫하면 커다란 혼돈 속에 빠질 가능성이 컸다.

그러면 미국이 추진한 양적완화 시책의 목적과 효과는 무엇일까? 근본적인 목적은 총수요 증가를 통해 경제 성장률을 높이는 데 있었다. 미국은 2008년 9월 리먼 브라더스(Lehman Brothers) 파산 이후부터 시작된 극심한 경기 침체를 극복하기 위해 연방기금 금리를 5.25%에서 사실상 제로금리로 인하했다. 그 후 경기는 잠시 회복되었지만 얼마 가지 않아 또다시 위축되는 조짐을 보였다. 그러나 이미 제로금리 상태에 있었기에 금리를 더이상 낮출 수 없었던 Fed는 돈을 풀어 실질금리의 하락을 유도하기로 했다.

실질금리가 떨어지면 경기는 2개의 경로를 통해 상승하게 된다. 우선 내수가 소비와 투자의 증가를 통해 확대된다. 또 돈이 풀려 미국의 물가가 오르면 달러 가치 하락→수출 증가와 수입 감소→경기 회복으로 이어지게 된다. 이처럼 경기가 회복되면 미국의 고용, 가계소득과 소비가 증가하고 경기 회복으로 조세수입이 늘면 재정적자 문제도 해결되리라는 선순환 구조를 염두에 둔 것이 양적완화 시책의 논리적 골격이다. 나아가 낮은 실질금리는 실물경기의 회복뿐만 아니라 자본시장에도 호재가 된다. 즉 글로벌 자본시장에 유동성을 풍부하게 공급함으로써 주가를 상승시켜 가계의 부를 늘리고, 기업의 자금조달 비용도 낮추는 효과를 초래하게 된다.

그러나 다른 한편으로는 양적완화가 세계 경제에 커다란 타격을 줄 우려도 크다. 우선 인플레이션에 대한 우려이다. 경기가 점차 살아나면서 그동안 대폭 늘어난 유동성이 전 세계를 또다시 자산버블 붕괴와 같은 가공할 경제위기로 몰아넣을 우려가 있다. 또 늘어난 유동성을 활용해 국제 투기꾼들이 신흥국을 위시한 자본 취약국들을 공격한다면 또 다른 세계 금융위기를 초래할 가능성도 없지 않다.

아울러 이머징마켓(emerging market)의 실물경제가 받게 될 타격이다. 이는 그렇지 않아도 자본과 기술 경쟁력 면에서 어려움을 겪고 있는 신흥국들이 양적완화로 인해 가격 경쟁력까지 갖추게 된 선진국들과 무역경쟁을 치러야 할 상황이 되었기 때문이다. 이와 함께 양적완화 조치가 주로 선진국들에 의해 이루어졌기에, 국가들 사이에 빈익빈 부익부의 문제가 더욱 증폭되었다는 점은 앞으로 국제 사회가 풀어가야 할 숙제로 남아있다.

끝으로 빈번한 양적완화 시책은 달러의 위상을 약화하는 결과도 초래하였다. 이는 양적완화가 한창 진행되는 시기에 금과 비트코인 등 암호화폐 가치가 급상승한 점에서 잘 알 수 있다. 양적완화로 인플레 우려를 걱정한 투자자들은 공급량이 제한된 이들 대체재로 수요를 대폭 전환하였다. 이로 인해 국제 금융시장의 혼선이 초래되고 있음은 물론이다.

4* 반복되는 금융위기

　금융위기 혹은 통화위기란 한 나라 통화의 대외 가치에 불안이 일어나 경제사회가 커다란 혼란을 겪게 되는 현상을 말한다. 먼저 외환 보유고가 크게 줄어들면서 대외 신뢰도가 떨어져 외화의 차입이 어려워지게 된다. 또 금융시장의 불안으로 외국 자본이 일시에 빠져나가고 화폐 가치와 주가가 폭락하게 된다. 나아가 금융기관이 파산하면서 예금주들은 금융기관에서 한꺼번에 예금을 인출하려는 사태가 벌어지게 된다. 이러한 악순환 속에서 기업의 도산이 속출하고 실업자가 급증하여 사회적 불안이 가중된다.

　그동안 세계 경제는 수차례에 걸쳐 크고 작은 금융위기를 겪어왔다. 그 중에서도 1997년의 아시아 금융위기와 2008년 글로벌 금융위기는 가장 규모가 크고 파장도 컸던 대표적인 위기였다. 1997년의 위기는 우리나라가 직격탄을 맞았고 2008년의 글로벌 금융위기는 기축통화국인 미국이 그 진앙지가 되었다. 또 비록 이보다는 정도가 덜 심각했지만 2023년 미국과 유럽에서 발생한 은행들의 연이은 파산, 소위 '뱅크데믹(bankdemic)'도 그 중 하나다.

우선, 1997년 아시아 금융위기를 살펴보자. 서구 선진사회는 1990년대 들어서면서 국제통화기금(IMF)을 내세워 동아시아지역의 자본시장을 좀 더 과감하게 개방하도록 요구하였다. 아시아 국가들은 외국인 투자 자금이 필요했기에 별수 없이 자본시장을 열기 시작했다. 그러나 얼마 가지 않아 그들은 어떤 안전장치도 갖추지 못한 상태에서 헤지펀드들의 공격을 받게 된다. 태국이 가장 먼저 표적이 되었다. 소로스가 회장으로 있는 퀀텀펀드, 타이거펀드 등은 태국통화에 막대한 투기공격을 감행했다. 결국, 태국은 1997년 6월 IMF에 구제금융을 요청하게 된다. 이후 투기세력들은 잇달아 필리핀, 인도네시아, 말레이시아와 우리나라를 강타했다.

이로 인해 동남아시아 국가들은 통화 가치가 대폭 떨어지고 나아가 신용 경색과 신용 불안을 초래하게 되었다. 금융시장 불안은 실물경제의 위축으로 이어졌다. 결국, 이들은 IMF로부터 구제금융을 받게 되었고 아울러 강도 높은 금융 개혁을 요구받게 되었다. 이러한 위기는 1999년 이후에야 진정을 찾게 되었다.

이 아시아 금융위기의 상처가 점차 아물어갈 무렵인 2008년 또다시 글로벌 금융위기가 터졌다. 2008년 들어 미국은 베어스턴스(Bear

Sterns), 리먼브라더스(Lehman Brothers), 메릴린치(Merrill Lynch) 등 대형 투자은행 3개가 매각되거나 파산하고, 세계 최대 보험회사인 AIG도 파산 직전까지 가는 금융위기를 맞았다. 1997년의 금융위기가 금융 변방국들인 아시아 국가에서 촉발된 데 반해, 이번 위기는 금융 최강국인 미국에서 시작된 것이다.

2008년 금융위기의 시발점은 2000년의 '닷컴버블(dotcom. bubble)'로까지 거슬러 올라간다. 미국은 1990년대 접어들면서 새로운 성장동인을 가지게 된다. 바로 정보화의 총아 IT(Information Technology)산업의 부흥기를 맞이하게 된 것이다. 1990년대 중후반은 이의 절정기였다. 나스닥시장은 주가가 3배 정도 뛰었다. 그러나 2000년 들면서 점차 거품이 빠지기 시작했다. 이어진 금리 인상은 결국 IT버블, 혹은 닷컴버블의 붕괴를 초래하게 되었다.

그런데 당시 연방준비이사회(Fed) 의장이던 그린스펀(Alan Greenspan)은 IT버블이 종료된 뒤 곧바로 2001년 엔론의 회계부정 사건이 터지자 한때 연 6.5%에 달하던 정책금리를 10여 차례의 조정을 거쳐 2003년 6월 1%까지 낮췄다. 이후 시중 유동성이 대폭 늘어나게 되었고 이들은 대부분 주택시장으로 유입되었다. 이로 인해 부동산 경기는 당시 부시(Bush) 대통령 행정부의 주택 장려정책과 맞물려 유례없는 호황을 맞았다. 그 결과 주택담보 대출이 대폭 늘어났고, 이를 증권화(securitization)했던 점이 금융위기의 직접적인 뇌관이 된 것이다. 2000년부터 5년간 미국의 주택 시가총액은 무려 50%나 급증했다.

2001~2007년 미국의 주택담보 대출액이 60% 넘게 급증하자, 금융회사들은 소득과 직업이 없는 사람에게도 대출을 했다. 월가(Wall Street)의 금융회사들은 저신용·저소득자 대상 주택 담보대출(subprime mortgage)을 정교한 주택저당증권(MBS) 상품으로 포장해 안전자산인 양 사고 팔았고, 이후 집값이 하락하자 폭탄이 터지게 된 것이다.

이 기회를 틈타 미국의 모기지(mortgage) 업체들은 앞뒤 가리지 않고 주택담보 대출을 제공하며 수수료 수입을 올리는 데 혈안이 되어있었다. 나중에는 주택을 담보로 돈을 빌리는 대출자 중 빚을 제대로 갚을 능력이 떨어지는, 즉 상대적으로 저신용자인 '서브프라임(subprime)'에 대한 대출마저 급증하기 시작했다. 당시 주택 가격은 늘어난 유동성과 적극적인 주택시장 부양책 등으로 인해 지속적으로 상승했다. 이것이 평소라면 은행이 대출을 꺼렸을 서브프라임 등급의 사람들에게도 대출을 시작한 배경이다.

금융회사들은 이 대출채권을 기초자산으로 한 파생상품을 대거 만들어 유통했다. 이것이 바로 '주택저당증권(MBS, Mortgage Backed Securities)'이다. 문제는 주택이나 토지를 담보로 발행되는 채권인 이 주택저당증권은 주택 가격이 빠지게 되면 곧바로 휴지조각이 될 가능성이 컸다는 것이다. 물론 주택 가격이 한두 달 오르다 말았다면 은행도 섣불리 서브프라임 등급의 사람들에게 돈을 빌려주지 않았을 것이다. 하지만 이 기조가 수년간 지속함에 따라 은행 또한 주택 가격은 계속 오르리라 믿게 되었다.

나아가 Wall Street는 저신용·저소득자 대상 주택담보대출(subprime mortgage)을 정교한 주택저당증권(MBS) 상품으로 포장하여 안전자산인 양 사고 팔았고, 이후 집값이 하락하자 폭탄이 터지게 된 것이다. 여기에 신용평가사들까지 가세했다. 신용평가사들이 월가의 금융회사들과 공모해 서브프라임 모기지(Subprime Mortgage)에 대한 신용등급을 높게 유지했고, 이로 인해 서브프라임 모기지의 대량 부실사태가 증폭된 것이다.

이런 상황에서 미국 Fed는 자산 거품과 인플레이션을 우려해 2004년 이후 금리를 17번에 걸쳐 4.25%p(1.0→5.25%) 올렸지만 마침내 부동산 거품이 터지고 금융위기가 시작되었다. 주택시장 경기가 꺾이고 부동산 거품이 붕괴하면서 집값이 곤두박질치자 대출을 갚지 못하고 집을 포기하는 사람들이 급증하기 시작했다.

이후 2008년 9월 미국 정부는 주택시장 침체와 모기지 손실로 유동성 위기에 직면한 양대 모기지 업체 패니메이(Fannie Mae)와 프레디맥(Freddie Mac)을 국유화하고 양사에 총 2,000억 달러 규모의 공적자금을 투입하기로 했다. 두 회사는 미국 전체 모기지 채권 발행 규모의 절반을 차지하고 있었다. 연이어 투자은행 리먼브러더스가 파산신청을 하여 결국 파산에 이르렀다.

2008년 금융위기의 후유증을 가까스로 수습하고 한숨 돌리려는 순간, 또다시 세계는 위기에 버금가는 금융 불안 국면을 맞이하게 된다.

2023년 3월로 접어들면서 미국 실리콘밸리은행(SVB)에서 시작돼 유럽 크레디트스위스(CS)를 무너뜨리고 도이체방크까지 뒤흔든 글로벌 뱅크데믹 현상이 발생하게 된다.

코로나 사태를 겪는 동안 급격하게 늘어난 통화량으로 인해 인플레이션이 지속되자 미국의 중앙은행 Fed는 2022년부터 급격하게 금리를 인상하기 시작했다. 그 결과, 채권의 가격 하락으로 대규모 손실을 입은 미국에서 자산 규모 16위의 실리콘밸리은행(SVB, Silicon Valley Bank)은 뱅크런이 발생하여 2023년 3월 10일 파산하였고, 3월 12일에는 시그니처은행(Signature Bank)이 연이어 파산하였다. 11개 대형은행으로부터 300억 달러를 지원받으며 회생을 기대했던 14위의 상업은행 퍼스트리퍼블릭은행(FRC, First Republic Bank Corporation)도 결국 JP Morgan에 인수되어 1천 명의 직원들이 해고를 당하였다.

이후 미국에서 시작된 금융 불안 사태는 유럽으로 확산되었다. 스위스 2위 투자은행인 크레디트스위스(CS, Credit Suisse)은행이 유동성 위기와 투자자들의 불안 심리 증폭으로 주가가 급락한 후 3월 19일 UBS에 합병되었다. 이어 24일에는 독일의 최대 투자은행인 도이체방크(Deutsche Bank)는 자산 규모 및 은행 건전성에 큰 문제가 없었지만 은행 위기설이 돌면서 주가가 14.9%까지 폭락하기도 했다. 이로 인해 '뱅크데믹(Bankdemic)'이란 신조어가 탄생하였다. 이는 '은행(Bank)'과 감염병 유행이란 뜻의 '팬데믹(Pandemic)'을 합친 말로, 은행에 대한 공포가 감염병처럼 급속하게 번진다는 의미를 지닌다.

다행히 각국의 신속한 대응 속에 파산을 선언했거나, 위기설이 돌았던 은행들이 새 주인을 찾으면서 뱅크데믹은 일단 진정국면으로 접어들었다. 그러나 급한 불 정도만 껐을 뿐 불씨는 여전히 곳곳에 남아있다고 보는 견해가 많다. 이번 사태를 통해 재무적으로 크게 문제가 없어도 공포 심리만으로도 은행들이 위기를 맞이할 수 있다는 사실을 확인하게 되었다.

그러면 이 뱅크데믹(Bankdemic) 사태가 발생하게 된 원인은 무엇일까? 우선 무엇보다도 고금리 속 안전자산의 배신이 근본적 원인으로 꼽힌다. Fed는 코로나 사태 극복 과정에서 늘어난 유동성과 우크라이나 전쟁이 촉발한 인플레이션 수습을 위해 2022년 3월부터 기준금리를 올리기 시작했는데, 2023년 3월까지 1년 만에 무려 475bp(4.75%p)를 인상(0.0~0.25%→4.75~5.00%)했다. 이는 연방기금금리(FFR)를 기준금리로 채택한 1990년 이후 가장 빠른 속도이다.

이로 인해 채권시장에서 단기 및 장기금리가 모두 폭등하면서 그동안 안전자산으로 여겨졌던 채권의 시세가 크게 하락하였다. 그 결과 대규모의 자산을 주택저당증권(MBS)과 미국 국채 등에 투자했던 금융기관들은 채권 가격이 급락하면서 직격탄을 맞게 된 것이다.

규제 완화도 커다란 요인이 되었다. 미국은 2008년 글로벌 금융위기의 재발을 막기 위해 2010년 「도드-프랭크법(Dodd-Frank Act)」을 제정해 금융규제를 강화하였다. 주 내용은 자산 규모 500억 달러 이상은행들은 매년 건전성 테스트(stress test)를 받도록 하는 것이었다. 그러나 2018년 트럼프(Trump) 행정부는 규제를 대폭 완화하였다. 즉 건전성 테스트 적용 대상을 자산 규모 2,500억 달러 이상으로 한정하고, 나머지 중소·지방은행에 대한 규제는 철폐하였다.

여기에 스마트폰과 SNS의 발달도 이번 사태의 한 요인이 되었다. SNS 등을 통해 은행 위기에 대한 소문이 빠르게 확산하면서 폰뱅킹(phone banking)과 같은 쉽고 간단한 방법을 통한 예금 인출로 이어졌다. 그리고 이것이 뱅크런(bank run)과 은행의 급속한 붕괴를 유발했다.

2008년과 2023년의 금융위기에는 어떤 차이가 있는지도 알아보자.

첫째, 2008년 글로벌 금융위기는 금융시스템 전반의 위기인 데 비해, 2023년 금융 불안 사태는 개별 은행의 투자 실패에서 비롯된 유동성 위기의 성격을 지닌다는 차이가 있다. 즉 2008년에는 뻥튀기한 금융상품을 폭탄 돌리기 식으로 운용하다가 위기가 전 금융기관으로 확산되었으나 2023년에는 몇몇 금융회사들이 시장 상황을 면밀하게 살피지 않고 무리한 투자를 감행하다 파산 위기에 직면했다.

둘째, 2008년은 부동산 실물경제에서 파생된 투자 부실이 위기의 단초였으나 2023년은 단기예금을 유치해 장기 자산에 투자한 은행들의 자금 관리 부실이 위기의 불쏘시개 역할을 했다는 차이가 있다. 리먼브라더스는 구조도 복잡한 비우량 주택담보대출 부실이 문제였지만, 실리콘밸리은행(SVB)은 미국 장기국채라는 초우량 안전자산에 투자한 것이 원인이 되었다. 실제로 SVB가 투자한 채권은 만기 시 전액 상환이 보장된다는 점에서 복잡한 구조의 서브프라임 모기지와는 전혀 다르다.

셋째, 2023년 금융불안 사태는 2008년 당시와는 달리 금융시스템이 비교적 안정된 상황에서 발생했다는 차이가 있다. 미국과 EU는 2008년 금융위기 이후 금융회사에 대한 감독을 강화하고 금융회사의 위기대처 능력을 키우는 조치를 마련하여 왔다. 특히 은행의 자금력은 과거보다 훨씬 안정적이다. 미국 대형 은행들의 기본 자본비율은 14.9%로, 2008년 당시 7.4%의 2배로 높아져 있다. 이에 2023년 금융 불안 사태는 개별 금융기관의 위기라는 인식이 더 힘을 받고 있다.

한편, 이처럼 세계적인 금융위기가 반복해서 일어나는 이유는 어디에 있는 것일까? 우선 자본시장의 자유화가 지나치게 빠른 속도로 이루어진 데 반해, 이에 대한 적절한 안전장치는 많이 부족했다는 문제를 꼽을 수 있다. 세계화와 자본자유화의 급속한 확산은 단기차익의 극대화를 노리는 헤지펀드(Hedge fund)나 사모펀드(Private equity fund) 등 투기 자본들이 국제금융시장을 별다른 통제를 받지 않고도 자유로이 넘나들 수 있게 만들어 놓았다. 소위 '핫머니(hot money)'가 된 것이다. 이는 결국 국제자본의 변동성을 높여 1990년대 후반 아시아 지역에서 발생한 외환위기가 세계적 위기로 확산하기도 하였다.

이와 함께 금융공학의 발전도 금융위기를 초래하는 데 일조를 했다. 하루가 멀다하며 이상한 이름의 금융상품들이 쏟아져 나오고 있으며 이들 금융상품을 관리하는 기법 또한 첨단을 걷고 있다. 특히 파생상품들은 레버리지(leverage)를 통해 거래되므로 투기성이 강하고 고위험을 수반한다. 1995년 영국의 베어링(Baring)이 파산된 뒤 네덜란드 ING사에 단돈 1파운드에 인수된 사례에서 볼 수 있듯이 파생상품 거래는 단 한 번의 투자 실패로 회사를 망하게 할 수 있을 정도이다.

더욱이 일부 악명 높은 헤지펀드들은 이 파생금융 거래를 주 무기로 금융 취약국들을 공격하고 다니면서 국제 금융 질서를 어지럽혔다. 여기에 파생금융상품 거래는 전통적인 금융상품과 달리, 계약 당시 거래 당사자 사이에 자금의 흐름이 일어나지 않고 장래의 약속만 존재하는, 회계장부에 기재되지 않는 거래라는 성격을 지닌다. 이러한 특성 등으로 인해 파생상품은 잇단 금융위기의 주범으로 지목되고 있다.

금융기관의 내부 통제 미흡과 감독 부실도 주요 금융위기 요인의 하나로 꼽힌다. 금융기관의 자본 건전성과 운영의 투명성에 대한 내부 통제와 외부 감독의 강도가 일관성 없이 수시로 바뀌다 보니 상업금융기관들의 무리한 대출이 자행되었다. 결국 수익성이 높은 고위험 상품에 대한 투기가 일어났지만, 이게 브레이크 없이 굴러가다 보니 사고가 터지게 된 것이다. 국제 신용평가사들이 의뢰기관으로부터 뇌물을 받고 신용등급을 올려주는 엉터리 신용평가 관행도 이에 가세했다.

우리가 현실적으로 더 주목하고 걱정을 해야 할 점은 금융위기의 원인이 어떠하든 상관없이 위기가 반복적으로 발생하고 있다는 사실이다. 그리고 이에 따라 세계 경제가 피폐해지고 모든 경제주체의 삶이 고통을 받게 된다는 점이다. 아울러 기존 국제 금융 질서와 시스템에 대해서도 커다란 의구심과 문제점이 제기되고 있다는 점이다.

사실 21세기 들어 2차례에 걸쳐 일어난 세계 금융위기의 진원지는 다름 아닌 세계 경제를 이끌어나가는 미국이었다. 그것도 한번이 아니라 연속해서 이어졌다. 이에 미국의 리더십뿐만 아니라 기축통화인 달러화에 대한 불안감과 불신이 고조되고 있다. 그러나 기축통화를 당장 변경하기도 현실적으로 불가능하다. 여기에 국제통화체제의 딜레마가 있는 것이다. 따라서 국제 금융 질서가 건전하게 유지될 수 있도록 하는 한편, 달러 기축통화체제에 대한 불신을 해소하기 위해서라도 금융위기가 더이상은 일어나지 않도록 노력해야 한다.

그렇다면 금융위기가 재발하지 않도록 하기 위해서는 어떻게 해야 할까? 사실 국제 사회에서는 그동안 국제금융시스템의 안전망 강화를 위해 관련 제도를 마련하고 감독 기능도 강화해 왔다. 다만, 이를 일관성있게 추진하지 못해 사달이 난 점은 반드시 기억해야 할 것이다. 물론 필요한 경우 관련 제도를 합리적으로 보완해 나가는 것은 당연하다.

그러나 이보다 더 중요한 것은 금융기관 스스로 일상의 업무 추진 과정에서 사고가 나지 않도록 내부 통제 기능을 강화해야 한다는 점이다. 즉, 위기 요인들을 항상 모니터링(monitoring)하고 문제의 소지가 발생하면 이를 즉시 치유해야 한다. 이는 금융의 가장 중요한 덕목이 '신뢰(Trust)'이기 때문이다. 날이 갈수록 금융회사의 평판은 더욱 중요해지고 있다. 따라서 금융기관은 잘못된 정보가 퍼져가는 상황 속에서도 안전하다는 인식을 고객들에게 남겨야 할 책무가 있다. 이것이 그동안 겪은 수차례의 금융위기 과정에서 배우게 된 중요한 교훈이다.

5* '페트로 달러'체제의 균열과 '페트로 위안' 부상

미국과 사우디아라비아는 2000년대 후반까지만 해도 매우 밀접한 관계 속에서 상부상조해 왔다. 미국은 패권 유지를 위한 막대하고 안정적인 석유 공급처로서, 사우디아라비아는 국가와 왕조를 유지할 힘을 제공해 줄 나라로 서로를 선택했다. 이렇게 이해관계가 완벽히 맞아떨어졌기에 양국은 급속도로 가까워진 관계를 오랫동안 유지할 수 있었다.

그 사이 미국은 사우디아라비아와의 '페트로 달러(Petro dollar)' 시스템을 통해 세계 금융패권을 손에 쥐는 등 유일의 초강대국이 되었다. 또 사우디아라비아는 미국이 제공하는 세계 최강의 안보력을 통해 왕조가 안정되고 지역을 넘어 세계 강국으로 성장해 나갔다.

그런데 셰일가스와 셰일오일이 출현하면서 이런 돈독한 관계에 금이 가기 시작했다. 2010년대 들어서면서 미국의 셰일(shale)에서 석유와 천연가스를 생산하는 업체들이 막대한 양의 셰일가스(shale gas)와 셰일오일(shale oil)을 생산하여 중동산 석유를 밀어내고 미국 국내 시장을 빠르게 장악하기 시작했다. 최대 석유 수요국이었던 미국이 더이상 중동산 석유에 의지하지 않게 된 것이다. 거기다가 셰일로 석유를 생산하는 미국 기업들이 그동안 금지되었던 석유 수출을 허용해 달라고 요구하고 나섰다.

이럴 경우 미국은 석유를 사주지 않는 것을 넘어, 역으로 석유를 수출하는 상황이 발생하면서 중동이 독점해오던 석유 시장의 질서가 깨지게 된다. 그러나 미국은 '페트로 달러' 체제의 붕괴를 원하지 않았다. 또 복잡한 공정이 필요하고 환경 파괴 논란도 큰 셰일오일보다는 석유를 외국에서 수입해서 사용하는 것이 더 싸고 마음이 편하였다. 그러기에 미국은 아직도 자국에서 생산된 석유의 양 이상으로 중동에서 석유를 수입해서 사용하고 있다.

한편, 셰일오일의 출현으로 석유 가격이 하락할 조짐을 보이자 OPEC은 가격 방어를 위해 석유 생산의 감산을 결의했다. 그러나 산유국인 사우디아라비아가 OPEC의 합의를 깨고 석유를 대량으로 풀어버리는 맞불을 놓아서 치킨게임이 벌어지게 되었다. 그 결과 석유 가격은 바닥을 향해 달리기 시작했다. 사우디아라비아의 목적은 미국 셰일업체의 붕괴였다. 셰일은 그 자체로는 가치가 없고 여러 가지 생산과정을 거쳐야 하기에 생산원가가 비싸다. 따라서 석유 가격이 일정 수준 이하로 떨어지게 되면 셰일오일 업체들은 원가를 맞추지 못해 문을 닫아야만 한다. 사우디아라비아는 이를 노린 것이다.

　당시 미국이 셰일오일을 개발하고 석유를 수입하지 않자 배럴당 100달러에 가까운 석유 가격이 20달러대까지 떨어졌다. 그 결과 산유국들 대부분이 큰 위기를 경험했다. 특히, 나이지리아와 베네수엘라는 파산에 이를 정도의 경제위기를 겪기도 했다. 사우디아라비아나 러시아도 타격을 심하게 입었다. 수입이 80%나 감소하였기 때문이다.

　이런 상황이 벌어지는 이유는, 석유를 가장 많이 소비하는 미국의 수요에 따라 세계 석유 가격이 사실상 결정되기 때문이다. 미국 역시 사우디아라비아와 함께 세계 1위를 다투는 산유국이지만, 미국은 세계 최대의 소비국답게 자국 내에서 생산하는 원유로는 수요를 맞출 수 없다. 거기에 비축량까지 고려한다면 미국은 전 세계 석유의 20%에 가까운 물량을 소비하고 있다. 그 결과 미국의 수요가 줄어들면 유가가 폭락하게 되는 것이다.

　이처럼 미국이 셰일가스 혁명으로 대표되는 에너지 독립을 강력히 추진하자 사우디아라비아도 그에 대응해 러시아, 중국 등 다른 강대국 파트너를 찾으려고 나서면서 양국 관계는 한층 더 소원해져 갔다. 그런데 이보다 더 구체적으로 양국 관계가 뒤틀리게 된 계기는 2018년 10월에 일어난 사우디아라비아의 반체제 언론인 자말 카슈끄지(Jamal Khashoggi) 암살사건이었다. 미국 CIA는 카슈끄지 암살의 배후로 사우디아라비아 왕세자인 빈살만(Mohammed bin Salman)을 지목했다.

특히, 조 바이든(Joe Biden) 미국 대통령은 2019년 대선 캠페인 과정에서 "사우디 왕정에 대가를 치르게 하겠다"라고 압박하면서 오랜 우방 관계에 균열이 가기 시작했다. 대통령이 된 후에는 사우디아라비아를 아예 반인권 국가라고 낙인을 찍어버렸다. 예멘 내전에서 사우디아라비아에게 큰 위협인 후티 반군의 미사일 공격에 직면했을 때도 사우디아라비아에서 패트리어트 지대공 미사일을 철수했다. 이후 2021년 8월 아프가니스탄에서 미군을 철수하며 중동과의 거리 두기를 본격화했고, 사우디아라비아의 안전 보장도 약화되었다.

최근 들어 중국이 중동 파고들기 전략을 추진하면서부터는 양국 관계가 한층 더 소원해지는 양상이다. 사우디아라비아는 러시아의 우크라이나 침공 이후 치솟는 유가와 물가를 잡기 위해 총력전에 나선 미국을 아랑곳하지 않고 OPEC+의 석유 감산을 주도하고 있다. 그 이유를 대외적으로는 국제 원유 가격 안정을 위한 조치라고 발표했으나 실제로는 미국 견제와 네옴시티(Neom City) 건설 자금 확보 등의 의도가 내포되어 있다.

더욱이 이제는 사우디아라비아가 중국 위안화 표시 원유 거래를 대대적으로 허용하려는 움직임까지 보이면서 '페트로 달러(petro dollar)' 시스템의 균열이 표면화되고 있다. 중국은 사우디아라비아와 미국 관계가 악화한 틈을 파고들어 중동 국가들과 손잡으며 '페트로 위안(Petro yuan)'의 영향력을 넓히고 있다.

중국 시진핑 주석은 2022년 12월 사우디아라비아를 방문해 원유 거래 시 위안화로 결제하는 비중을 늘릴 것을 제안하여 사우디아라비아가 이를 수용했다. 사실 중국은 세계 최대 석유 수입국이다. 1990년대까지만 해도 미국이 사우디아라비아의 최대 석유 수입국이었지만 이제는 중국이 최대 수입국이다. 즉 사우디아라비아 석유의 25%가 중국으로 수출되고 있으며, 양국 간의 교역량은 1990년 5억 달러에서 2021년 870억 달러로 급증했다.

이후 중국은 2023년 3월 사우디아라비아 국영은행에 위안화 대출을 처음으로 실시했으며, 아랍에미리트(UAE)산 액화천연가스(LNG) 수입대금의 결제도 위안화로 했다. 사우디아라비아 또한 국영 석유기업 아람코(Aramco)가 중국 정유회사인 룽성(榮盛)석유화학의 지분 10%를 인수하면서 대금 전액을 위안화로 결제하기로 했다. 더욱이 중국은 2023년 4월 사우디아라비아와 이란 간의 외교 복원을 성공적으로 중재해 냄으로써 중동지역에서의 영향력을 넓혀나가고 있다.

만약 앞으로 사우디아라비아와 중국 간 석유 거래마저 위안화로 결제된다면 '페트로 달러' 체제에 심각한 균열이 초래될 것으로 보인다. 다만 미국도 문제의 심각성을 깨닫고 사우디아라비아와의 관계 회복을 위한 노력을 강화하고 있다. 사우디아라비아 국부펀드(PIF)가 후원하는 리브(LIV) 골프와 미국 스포츠의 자존심인 프로골프(PGA) 투어의 합병도 이런 연장선상에서 이루어졌다.

제
4
장

위안화의 부상

중국의 경제력 확대와 위안화 상승

    중국은 1970년 후반부터 개혁과 개방의 기치를 내걸고 자본주의식 경제체제를 도입한 이후 눈부신 경제 발전을 이루어왔다. 특히, 2000년대 들어 값싼 노동력을 바탕으로 세계의 공장 역할을 하면서 비약적인 발전을 기하게 되었다. 그 결과 중국의 국내 총생산(GDP) 규모는 1990년 세계 10위였으나 2010년에는 일본을 제치고 세계 2위의 자리까지 올라서게 되었다. 이후 꾸준히 격차를 벌리면서 이제는 3, 4, 5, 6위의 일본, 독일, 인도, 영국의 GDP를 합쳐야 비슷할 정도로 커졌다.

    중국의 2022년 GDP 규모는 19.4조 달러로, 미국의 26.8조 달러에 이어 세계 제2의 경제대국으로 자리매김하고 있다. 세계 경제에서 차지하는 비중도 1980년 당시에는 2.1%에 불과했으나, 2022년 18.3%로 확대되었다. 더욱이 구매력 평가(PPP, purchasing power parity) 기준의 GDP는 2014년부터 중국이 미국을 추월하여 세계 최대의 경제대국이 되었다.

　여기에 지금과 같은 성장 속도가 이어지게 되면 2030년 무렵에는 명목 GDP도 미국을 제치고 세계 최대의 경제대국으로 부상할 것이라는 관측이 나오고 있다. IMF는 향후 미국의 비중이 2022년 25.4%→2028년 24.0%로 낮아지고, 중국은 같은 기간 동안 18.3%→20.4%로 증가할 것으로 전망하고 있다.

　무역 규모 또한 2001년 WTO 가입 후 비약적으로 성장하여 이제는 세계 최대 무역교역국으로 부상해 있다. 즉 2022년 세계 무역시장에서 중국이 차지하는 비율은 17.05%로, 13.15%의 미국보다 30% 정도 더 큰 규모를 보였다.

미국과 중국의 세계 GDP 비중(%)

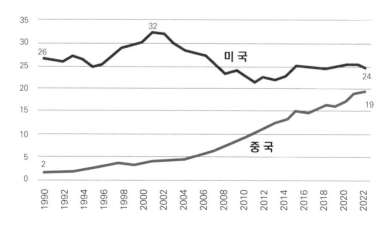

GDP 상위 12개국

순위	국가	GDP(달러)	비중(%)
1위	미국	26조 8,546억	25.4
2위	중국	19조 3,735억	18.3
3위	일본	4조 4,097억	4.2
4위	독일	4조 3,088억	4.1
5위	인도	3조 7,368억	3.5
6위	영국	3조 1,589억	3.0
7위	프랑스	2조 9,234억	2.8
8위	이탈리아	2조 1,697억	2.1
9위	캐나다	2조 896억	2.0
10위	브라질	2조 812억	2.0
11위	러시아	2조 626억	2.0
12위	한국	1조 7,219억	1.6
세계 전체	–	105조 5,687억	100.0

* 자료 : IMF, 2023년 4월

이러한 경제력의 비약적인 성장에 힘입어 위안화의 위상도 덩달아 커지고 있다. 위안화는 아시아, 아프리카, 중동, 유럽, 남미 등 100개 이상의 국가에서 무역 결제를 위해 사용되고 있다. 우리나라도 2013년부터 위안화 무역 결제를 허용하고 있다.

특히, 우크라이나 침공 이후 러시아에 부과된 경제제재를 지적하면서 주요 무역 상대국에게 위안화 결제가 무기화된 달러로부터 보호할 것이라고 강조하고 있다. 대표적인 사례가 2022년 9월의 러시아와 원유 결제 위안화 합의, 2022년 12월의 사우디아라비아와 원유 결제 위안화 합의, 그리고 2023년 3월의 브라질 및 아르헨티나와의 무역 결제 위안화 합의이다.

이런 과정을 통해 무역 거래에서 차지하는 위안화의 결제 비중이 대폭 증가하고 있다. 2022년 중국 무역 거래에서 위안화로 결제하는 자금의 규모가 전년 대비 37% 급증하면서 전체 비중이 19%로 상승했다. 특히, 2023년 3월에는 위안화 결제 비중이 48.4%로 증가해 처음으로 달러화 46.8%를 추월했다. 이는 위안화 결제 비중이 2010년까지만 해도 사실상 제로(zero)였던 것과 비교하면 엄청난 성장을 했음을 보여준다.

아울러 국제통화로서 위안화의 위상도 커지고 있다. 우선, 세계 중앙은행의 외환 보유고에서 위안화가 차지하는 비중은 2000년까지 제로(zero)였다. 그러나 2022년에는 2.7%를 기록해, 달러-유로화-엔화-파운드 다음으로 5위를 차지하였다. 또 국제 외환 거래시장에서 차지하는 비중도 0 → 3.5%로 상승하였다. 아울러 중국의 국경 간 거래에서 위안화 사용 총액도 2017년 9.2조 위안(약 1,800조 원)에서 2022년 42.1조 위안(약 8,100조 원)으로 매년 큰 폭으로 늘어나고 있다.

중국의 중앙은행인 인민은행이 세계 40여 개 국과 통화스와프(currency swap) 협정을 체결한 것도 위안화의 위상 제고에 이바지하고 있다. 이는 협정을 체결한 나라가 외환위기 상황에 직면할 때, 중국이 위안화를 제공함으로써 위안화가 국제 소방수 역할을 할 수 있다는 긍정적 측면이 부각된 것이다.

중국 위안화 이용 국경 간 결제 총액 추이

(단위 : 위안)

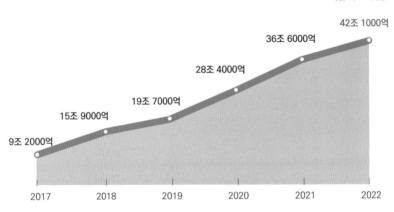

* 자료 : 중국인민은행

2* 위안화 SDR 편입과 국제 결제망 CIPS 발족

2008년 글로벌 금융위기가 발생하자 미국 달러화의 기축통화 역할에 대한 회의적인 시각이 부상하였다. 이때부터 중국은 자국 통화인 위안화의 국제화에 적극적인 관심을 표명하게 된다. 중국이 생각하는 위안화 국제화란 위안화의 사용 범위가 해외시장에까지 확대되는 것을 의미하며 궁극적으로는 기축통화로 발전하는 것을 의미한다.

중국 정부는 위안화 국제화가 이뤄지면 무역 거래 비용 감소, 환리스크 축소, 자금 조달 효율성 증대 등이 가능해질 것으로 기대하고 있다. 게다가 위안화로 표시된 상품의 거래 증가는 자국의 경제적 위상을 높일 수도 있다. 이를 위해 중국 정부는 2009년부터 위안화 무역 결제를 시작하였고 2014년 3월에는 달러화 대비 위안화 환율의 하루 변동 폭을 1%에서 2%로 확대했다. 특히, 2015년 10월 상하이에 본사를 두고 출범한 국제위안화결제시스템(CIPS)은 커다란 의미를 지닌다.

'CIPS(Cross Border Interbank Payment System)'는 미국 주도의 '스위프트(SWIFT)'에 대응하여 만든 독자적인 국제 결제망이다. CIPS 결제 규모와 참여기관 수는 빠르게 증가하고 있다. 중국 인민은행 자료에 따르면 2022년 CIPS를 활용한 위안화 결제 건수는 440만 건이 넘어 전년 대비 31.7% 증가하여 결제금액은 96조 7천억 위안(약 1경 9천조 원)으로 전년 대비 21.5% 증가했다. 참여기관 수도 큰 폭의 증가세를 보인다. 2022년에도 100여 개가 넘는 금융기관들이 새로이 동참하여 약 180개 국가 1,400여 개 금융기관이 구성원이다. 2023년 2월의 중국 - 프랑스 정상 통화에서 프랑스 은행들의 CIPS 사용 확대에 합의하면서 향후 다른 유럽계 은행들의 참여도 늘어날 것으로 보인다.

CIPS는 미국 주도의 SWIFT와 차이가 있다. 첫째, 통화 면에서 SWIFT는 다양한 통화로 거래하나 CIPS는 주로 위안화 거래에 중점을 둔다. 이에 따라 중국 또한 달러화로 거래를 해야만 할 상황에서는 SWIFT를 통한 결제가 불가피하다. 둘째, SWIFT는 회원 은행이 소유한 협동조합으로 운영이 정부로부터 독립적이나 CIPS는 중국 중앙은행인 인민은행이 직접 통제하고 있다.

셋째, SWIFT는 200여 개 국가 11,000여 개 기관이 참여하는 대규모 네트워크(network)를 보유하나 CIPS는 주로 중국은행과 위안화 비즈니스가 많은 국제은행으로 구성된 소규모 네트워크이다. 이에 연간 거래 금액도 SWIFT가 150조 달러 이상인 데 비해, CIPS는 14조 달러에 그친다. 넷째, 미국과 유럽이 주도하는 SWIFT는 이란과 러시아 같은 적성국가에 대한 경제제재에 활용되기에 CIPS는 이런 제재를 우회하려는 국가들의 잠재적인 대안으로 부상하고 있다.

중국이 설계한 위안화 국제화 추진 계획은 '무역 결제 통화'로 통용되는 단계에서 '투자통화'로 발전하고 나아가 많은 국가에서 '준비통화'로 인정받는 3단계로 추진되고 있다.

첫 단계인 무역 결제 통화로서의 활용 증대를 위해서 무역 거래와 관련된 규제 완화를 꾸준히 추진해 왔다. 두 번째 단계인 투자통화란 위안화 표시 금융상품이 국제 금융기구와 중앙은행들의 투자 수단으로 활용되고 국제 금융시장에서 영향을 확대한다는 의미를 지닌다. 이를 위해 중국은 홍콩을 중심으로 한 역외 위안화 표시 금융시장 육성책을 추진해 왔다. 홍콩은 금융시장이 대외적으로 개방되어 있을 뿐만 아니라 중국의 영향력이 미칠 수 있다는 장점이 있기 때문이다.

세 번째 단계에서는 위안화가 세계 각국의 비축통화로 인정받는 것을 목표로 한다. 이의 일환으로 2008년 글로벌 금융위기 이후 통화 스와프 체결을 확대하고 있다. '통화 스와프(currency swap)'란 서로 다른 통화를 미리 약정된 환율에 따라 일정한 시점에 상호 교환하는 외환거래를 뜻하며, 외환위기를 방지하는 데 큰 도움이 된다. 처음에는 아시아 국가 중심으로 시작했지만 이제는 세계 40여 개 국가들과 통화스와프를 체결하였다.

중국의 최초 통화 스와프 계약은 한국과 맺은 것이다. 일본, EU와도 계약을 맺고 있으나 미국 및 대만과는 없다. 중국은 2023년 4월에도 아르헨티나와 통화스와프를 확대해서 체결하였다. 아르헨티나와는 2009년 처음으로 체결한 데 이어, 2014년, 2017년, 2018년, 2020년 총 5번에 걸쳐 연장과 조정이 이뤄져 왔다. 현재 양국 간 통화 스와프 규모는 185억 달러로, 아르헨티나 외환 보유고의 약 48%에 달한다.

이러한 위안화 국제화 노력은 어느 정도 결실을 보고 있다. 국제은행간통신협회(SWIF)는 중국 위안화가 2014년에 글로벌 5대 결제통화로 부상했다고 발표했다. 달러화 44.6%, 유로화 28.3%, 파운드화 7.92%, 엔화 2.69%, 위안화 2.17%로, 점유율 4위인 일본 엔화와는 1% 차이도 나지 않았다. 2013년 1월 위안화의 글로벌 결제시장 점유율이 0.63%로 13위였던 데 비하면 눈부신 성장이다. 2015년 독자적인 국제 결제망 CIPS를 발족시킨 이후에도 SWIFT를 통한 위안화 결제 비중은 완만한 증가세를 나타내고 있다.

그런데 이보다 더 구체적인 성과는 위안화의 특별인출권(SDR) 통화바스켓(basket) 편입이다. IMF는 2016년 10월부터 위안화가 SDR 통화바스켓에 편입된다고 2015년 11월 발표하였다. SDR(special drawing rights)은 IMF 회원국이 외환위기를 겪을 때 담보 없이 필요한 만큼의 외화를 IMF로부터 인출할 수 있는 권리를 의미한다. SDR 편입은 국제적으로 통용되는 통화를 의미하며 위안화도 그 지위를 IMF로부터 인정받은 것을 의미한다.

　당시 SDR은 달러화, 유로화, 엔화, 파운드화 4개의 통화바스켓으로 구성돼 있었는데, 중국 위안화가 신흥국 최초로 편입하게 된 것이다. 그것도 위안화의 편입 비중이 10.92%로, 엔화 8.33%와 파운드화 8.09%를 제치고 미국 달러화 41.73%와 유로화 30.93%에 이어 세 번째였다.

　더욱이 2022년 5월에는 새로이 바스켓을 조정하면서 위안화 비중을 기존의 10.92%에서 12.3%로 상향 조정하였다. 이는 위안화 위상이 더 커진 것을 반영한 것이다. 당시 달러의 비중도 41.73%에서 43.38%로 상향 조정했다. 반면 유로화, 엔화, 파운드화는 각각 29.31%, 7.59%, 7.44%로 하향 조정됐다.

　하지만 아직도 위안화 국제화에 대해서는 회의적인 시각이 지배적이다. 위안화 국제화를 위해서는 중국이 더 적극적으로 시장을 개방해야 한다는 지적이다. 그런데 중국은 오히려 외화 자금이 해외로 빠져나가는 것을 막기 위해 2016년 11월부터 각종 자본 거래를 통제하는 조치를 강화하였다. 더욱이 자본 계정 개방이 자본 유입은 느슨하게, 자본 유출은 엄격하게 제한하면서 비대칭적으로 이뤄지고 있다. 이러한 금융 당국의 보수적인 자본 유출 관리가 위안화 국제화의 발목을 잡고 있다.

3*
'탈달러' 현상에 편승한 위안화 파고들기 전략

최근 미국과 중국 간의 패권전쟁이 심화하고, 또 코로나 팬데믹 (pandemic) 이후 강달러 혹은 '킹달러(King dollar)' 현상이 이어지자 '탈 (脫)달러(de-dollarization)' 현상이 고조되고 있다. 반면 이런 상황을 이용하여 중국 위안화가 그 빈자리를 빠르게 파고들면서 위안화의 국제화가 가속화되는 분위기다.

탈달러의 기폭점은 러시아가 우크라이나 침공을 감행한 이후 미국을 위시한 서방국가들로부터 강력한 금융제재 조치를 받으면서 비롯되었다. 이후 다수의 국가, 특히 반미성향의 국가들은 이런 상황이 자신들에게도 닥칠 수 있다는 생각을 하게 되면서 탈달러 분위기는 한층 더 고조되고 있다.

그런데 탈달러 현상은 비단 반미성향의 국가에서만 나타나는 것이 아니라는 점에서 그 심각성이 더해진다. 미국이 팬데믹 기간동안 늘어난 과잉 유동성을 흡수하기 위해 2022년부터 기준금리를 대폭 인상해 오는 과정에서 빚어진 강달러 현상이 탈달러 현상과 위안화 부상을 더욱 부추기는 형국이다.

강달러가 신흥개도국들의 수입물가 상승으로 이어지면서 무역수지 적자와 외환 보유고 감소를 초래하게 되었다. 또 높은 금리를 찾아 유입되었던 핫머니들이 다시 미국으로 빠져나가면서 자본 이탈 현상도 벌어졌다. 이에 달러에만 의존할 수 없다는 분위기가 형성되면서 위안화를 대체통화로 선호하는 국가들이 점차 늘어나기 시작한 것이다. 더욱이 미국 최우방국인 이스라엘마저도 2022년부터 외환 보유고 중 미국 달러의 비중을 줄이고 중국 위안화를 최초로 편입하였다.

탈달러 현상과 위안화 몸값을 높인 결정적 계기는 우크라이나 전쟁이다. 2022년 2월, 러시아가 우크라이나를 침공했을 때 미국은 러시아를 침략자로 규정하고 국제지급결제망인 SWIFT에서 배제하였다. 그 후유증으로 러시아 은행에서 예금 인출이 몰리고 달러화 환전이 많아지면서 루블화의 가치는 폭락했다. 사실 러시아는 300개 넘는 은행이 SWIFT에 가입해 있고 미국 다음으로 SWIFT 결제 건수가 많은 나라이다.

SWIFT(Society for Worldwide Interbank Financial Telecommunication)로 불리는 국제은행간통신협회는 금융기관이 서로 정보 교환을 통해 안전하게 금융 거래와 결제를 할 수 있도록 도와주는 고도의 보안을 갖춘 전산망이다. SWIFT는 1973년 서방 10개 국가의 은행이 국경 간 결제와 청산을 위해 설립한 민간 조직으로 본사는 벨기에에 있다. 전 세계 200여 개 국가의 1만 1천여 개 금융기관이 참여하는 세계에서 가장 널리 통용되는 결제망이다.

그런데 이 SWIFT가 강력한 경제제재 수단으로도 활용되고 있다. SWIFT 배제는 세계 금융시장과 무역 거래에서 차단된다는 의미인데, 이는 국가 간 금융이 막히면 무역 거래 자금 결제가 불가능해지기 때문이다. 이란도 2012년과 2018년 두 차례에 걸쳐 중앙은행을 비롯해 주요 은행이 SWIFT에서 차단되어 석유 수출대금을 받지 못하고 통화 가치가 하락하는 등 커다란 타격을 입었다. 그리고 미국은 SWIFT 자료를 바탕으로 불법 자금 세탁 등을 이유로 계좌를 동결하거나 달러 자산을 압류할 수 있다. 또 핵무기 개발이나 테러 지원 등의 혐의를 받는 국가를 제재하면서 그 자산을 동결하기도 한다.

서방국가의 금융제재에 반발한 러시아는 미국 달러와 유로화에서의 탈피를 감행하고 있다. 대신 중국 위안화를 본격적으로 받아들이고 있다. 중국 또한 상대적으로 저렴한 러시아산 에너지를 도입하면서 일부를 달러 대신 위안화와 루블(Ruble)로 결제하고 있다. 러시아 중앙은행 통계에 따르면 전쟁 이전만 해도 러시아 수출대금에서 0.4%에 불과하던 위안화 결제 비중이 2022년에는 16%로 증가했다. 반면, 50%를 초과했던 달러화 결제 비중은 30%대로 축소되었다. 아울러 수입 결제에서 위안화가 차지하는 비중 또한 4%에서 23%로 대폭 치솟았다.

또 2023년 2월 모스크바 외환 거래소의 위안화 거래량은 약 1조 4,800억 루블(약 25조 원)로, 위안화 비중이 달러를 제치고 1위로 부상했다. 위안화 거래량은 전월 대비 30% 이상 증가하며 러시아 외환 거래에서 차지하는 비중이 40%에 육박했으며, 달러는 약 38%, 유로화는 21.2%를 기록했다. 2022년 2월 러시아 외환 거래에서 달러 비중이 87.6%, 유로화 11.9%를 차지한 반면, 위안화는 0.32%에 불과했던 것과는 상당한 차이가 난다.

러시아는 위안화 자산 투자도 늘릴 계획이다. 2022년 말 러시아 재정부가 제정한 자산 배분 방안에 따르면 러시아 국부펀드(National Wealth Fund)는 달러 표시 자산에 투자하는 대신 위안화 자산 투자 한도를 종전 30%에서 60%로 늘렸다. 아울러 블라디미르 푸틴(Vladimir Putin) 러시아 대통령은 3월 중-러 정상회담 직후 "러시아는 아시아, 아프리카, 중남미 국가와의 결제에서도 위안화 사용을 지원할 것"이라고 말했다.

이후 위안화의 영향력은 남미 대륙에서 한층 더 확대하는 모습이다. 남미 최대의 경제대국인 브라질이 위안화 사용을 공식화하면서 그 영향력은 더 커지고 있다. 중국은 14년 연속 브라질의 최대 무역 상대국으로, 2022년 양국 교역액은 1,505억 달러에 달했다. 2023년 4월 룰라(Lula) 브라질 대통령의 중국 국빈방문에 맞춰 양국은 기존 달러 대신 위안화와 브라질 헤알(BRL, Real)화를 사용하기로 합의했다.

당시 룰라 대통령은 상하이 신개발은행에서 "왜 우리는 자국 통화로 무역할 수 없는가? 달러가 세계무역을 지배하는 상황을 끝내야 한다."라고 말했다. 중국과 브라질의 탈달러 밀착을 보여주는 상징적 연설이었다. 두 나라는 양국 간 교역과 금융 거래에서 달러 대신 위안화와 헤알화를 이용하고, 달러 결제망인 'SWIFT' 대신 중국이 만든 금융 결제망 'CIPS'를 사용하기로 합의했다.

이어 아르헨티나에서도 유사한 상황이 벌어졌다. 보유 달러 고갈에 직면한 아르헨티나 정부가 위기 극복 방안으로 중국산 수입품 결제에 위안화를 활용하기로 했다. 아르헨티나는 2022년 극심한 인플레이션으로 자국 통화 페소(peso)화 가치가 폭락하였다. 이에 국민들은 안전 자산인 달러화를 사들였고 주력상품인 농산품 수출까지 줄면서 외환 보유고가 급감했다.

국제통화기금(IMF) 구제금융을 받은 아르헨티나는 그 조건으로 국가 부도를 막기 위한 일정 수준의 외환 보유를 유지해야만 한다. 그런데 중국 수입대금을 위안화로 결제하면 보유 달러화의 고갈 속도를 조금이라도 늦추는 효과를 낸다. 중국과의 교역에 위안화 활용 결정은 이런 연유에서 비롯된 조치이다. 이 외의 중남미 국가 중 칠레는 2012년, 볼리비아는 2018년, 쿠바는 2022년 12월 1일부터 무역 거래에서 위안화 결제를 허용하고 있다.

아시아 대륙에서도 위안화 사용 국가가 늘어나고 있다. 우선, 인구가 많은 방글라데시와 파키스탄이 위안화를 사용하고 있다. 방글라데시는 중국과 자유무역협정(FTA)을 체결하면서 2022년 9월부터 위안화 무역결제를 허용하고 있다. 또 러시아와 방글라데시에서 건설하고 있는 원자력발전소 대금을 위안화로 결제하기로 합의했다. 파키스탄도 중국과 FTA를 체결한 이후 2023년 1월부터 위안화 무역결제를 허용했다.

동남아에서는 태국, 베트남, 인도네시아 등이 위안화 무역결제를 허용하고 있다. 태국은 2013년부터 중국과의 무역에서 위안화 결제를 허용하고 있으며 2021년 1월에는 '위안-바트(Bath)' 통화 스와프 협정도 갱신했다. 베트남은 2015년, 인도네시아는 2016년, 말레이시아는 2017년부터 중국과의 무역에서 위안화 결제를 허용하고 있다. 우리나라도 2013년부터 위안화 무역결제를 허용하고 있다.

중동 국가에서도 탈달러 현상이 이어지고 있다. 최근 사우디아라비아를 위시한 중동 국가들에 대한 미국의 영향력은 많이 줄어들었다. 반면, 중동 국가들과의 각종 경제 협력을 앞세운 중국의 영향력은 조금씩 커지고 있다. 특히 중국은 사우디아라비아가 미국과의 관계가 소원해지는 틈을 파고들면서 기존의 원유 결제 달러 독점 공식을 균열시키고 있다. 대신 양국은 위안화 거래를 늘려나가기로 합의하였다. 이는 '페트로 위안'의 영향력이 커지고 있음을 방증한다.

한편, 중국도 탈달러(de-dollarization)의 한 방편으로 미국 국채 보유량을 계속해서 축소하고 있다. 중국은 3조 달러가 넘는 외환 보유고 중에서 상당 부분을 미국 국채를 비롯한 달러 자산으로 운용하고 있다. 실제 수년 전까지 중국은 세계 1위의 미국 국채 보유국이었다. 그러나 중국은 2019년부터 꾸준히 미국 국채 보유액을 줄이고 있다. 이유는 대만 문제, 기술 전쟁 등 광범위한 분야에서 미국과 대립각을 세우고 있는 데서 비롯되었다. 특히 러시아가 우크라이나 침공 후 미국으로부터 당한 금융 규제는 치명적인 반면교사가 되었다.

중국 보유 미국 국채 규모는 2010년 6월에 1조 달러를 돌파한 이후 10년 넘게 1조 달러를 웃돌았다. 2013년 11월에는 최고치 1조 3,167억 달러를 기록했다. 그러나 2022년 4월에 1조 달러 선을 깨뜨린 이후 감소세를 나타내고 있다. 2022년 한해에만 1,732억 달러가 줄어들었다.

2023년 3월의 중국 보유 미국 국채 규모는 최고점보다 약 4,500억 달러가 줄어든 8,693억 달러였다. 이는 외환보유고 3조 1,839억 달러의 약 4분의 1 수준이다. 참고로 2023년 3월 기준 미국 국채 최대 보유국 순위는 1위 일본 1조 877억 달러, 2위 중국 8,693억 달러, 3위 영국 7,140억 달러, 4위 벨기에 3,365억 달러, 5위 룩셈부르크 3,286억 달러 순이다. 우리나라는 1,140억 달러로 18위에 올라있다.

브릭스의 확장과 공용 화폐의 개발

　　G7(Group of Seven)은 1973년 발족한 미국, 일본, 영국, 프랑스, 독일, 이탈리아, 캐나다 등 7개 선진국의 모임이다. 미국이 주도하는 G7은 냉전시기 소련이 주도하는 공산권 체제에 대항하는 경제블록의 역할을 하였지만 1998년 러시아가 정식 회원국이 되면서 G8체제로 발전하게 된다. 그러나 2014년 러시아가 크림반도를 병합하자 G7 국가들이 러시아의 G8 자격을 정지하며 지금의 G7체제가 되었다.

　　한편, 신흥국과 개발도상국을 대변하는 경제공동체의 한 축으로 2009년 브릭스가 탄생하게 된다. '브릭스(BRICS)'는 브라질(Brazil), 러시아(Russia), 인도(India), 중국(China), 남아프리카공화국(South Africa) 등 5개 국가의 머리글자를 따서 부르는 명칭이다. 2009년에 출범 당시에는 4개 국가만 묶은 BRICs로 시작했으나 후에 남아프리카공화국이 정식으로 참가하면서 BRICS로 변모했다. 이 국가들은 공통적으로 거대한 영토와 노동력, 풍부한 지하자원 등이 있어 경제대국으로 성장할 수 있는 잠재력을 갖추고 있다.

브릭스 국가의 개요

(2022년 기준)

구분	브라질	러시아	인도	중국	남아프리카 공화국
인구(명)	2억 1,531만	1억 4,555만	14억 2,862만	14억 2,567만	6,075만
면적 (㎢)	851만	1,710만	329만	960만	122만
GDP(달러)	2조 812억	2조 624억	3조 7,368억	19조 3,735억	3,990억

BRICS 5개 국가의 국토 면적은 전 세계 면적에서 26.5%의 비중을 차지한다. 또 인구는 약 32.7억 명으로 전 세계의 40.7%를 차지한다. 그리고 총 GDP는 2022년 27조 6,500억 달러로 세계 전체 GDP의 26.2%에 달한다. G7 국가들의 GDP 합계가 세계 경제에서 차지하는 비중은 1990년 66%였지만 이후 점차 하락하여 2022년 46%가 되었다. 반면 BRICS는 동기간 8%에서 26%로 3배 이상 상승하였다. 더욱이 구매력 평가(PPP, Purchasing Power Parity) 기준에 따른 BRICS의 GDP 비중은 35.3%로 G7의 28.0%를 이미 수년 전에 넘어섰다.

BRICS는 발족 이후 얼마 동안은 회원국 상호 간의 지리적 거리와 문화적 차이 등으로 결속력이 느슨했기에 큰 주목을 받지 못했다. 그러나 최근 우크라이나 전쟁 이후 중국과 러시아를 필두로 결속을 강화하고 있으며, 회원국 수도 확대해 나가고 있다. 러시아는 우크라이나 전쟁 이후 서방국가들로부터 금융제재를 받게 되자 중국의 도움을 요청했고, 중국 또한 위안화의 부상을 꾀하고 있던 터라 서로가 윈윈(win win)할 수 있는 계기가 되었다. 여기에 그동안 서방 선진국들로부터 상대적으로 소외되었던 중동과 아시아 국가들도 신규 회원국으로 참여하려는 의사를 공개적으로 밝히고 있다.

G7과 BRICS의 세계 GDP 비중(%)

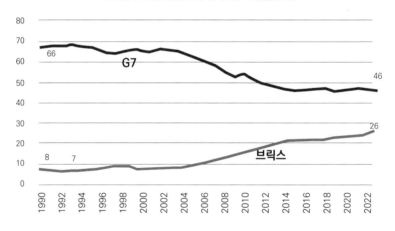

신규 회원 참여 희망국으로는 원유 위안화 결제를 고려 중인 사우디아라비아를 비롯해 태국, 방글라데시, 인도네시아 등 아시아 태평양 국가들이 가입 의사를 밝혔다. 특히 산유국들인 사우디아라비아, 이란, 아랍에미리트(UAE)는 이미 공식적으로 가입을 요청한 것으로 알려졌다. 이들이 합류하게 되면 신흥국 중심의 BRICS는 그간 G7이 주목하지 못한 국제 이슈를 다루며 G7의 리더십에 도전할 수 있을 것으로 보인다.

차제에 시진핑 중국 국가주석과 푸틴 러시아 대통령은 BRICS를 결집해 G7체제에 맞대응하는 국제 공동체로 발전시켜 나가려는 의도를 지니고 있다. 특히 중국이 주도하고 있으며 나머지 BRICS 국가들도 적극적으로 호응하고 있는 '탈달러'와 '위안화의 기축통화 부상'에 대해서는 통화전쟁의 서막이라는 시각도 있다. 나아가 BRICS는 종국적으로 회원국들 상호 간의 무역에 자체 통화를 사용하는 것을 목표로 삼고 있다.

사실 중국은 꽤 오래전부터 자신의 경제력을 바탕으로 이런 구상을 추진해 왔다. 2015년 중국은 미국이 IMF와 세계은행(World Bank)을 통해 세계 금융 질서를 좌지우지하는데 맞서 브릭스판 세계은행인 신개발은행(NDB, New Development Bank)을 상하이에 설립하였다. 이후 UAE, 우루과이, 방글라데시, 이집트가 NDB의 새로운 회원국이 되었다. 특히 최근 가입 신청을 낸 사우디아라비아는 NDB의 재무 건전성과 위기 대응 능력을 향상시킬 것으로 보인다.

NDB 설립 목적은 BRICS 국가 및 기타 신흥 경제국의 인프라 개발 및 지속 가능한 개발 프로젝트를 위한 자원을 동원하는 데 있다. 이를 위해 BRICS 회원 5개 국가는 100억 달러씩 총 500억 달러를 출자하였고, 5년 안에 자본금을 1,000억 달러로 확대하는 계획을 지니고 있다. 지금까지 총 320억 달러의 대출로 90개 이상의 프로젝트를 승인했다.

자금 대출시 미국 달러를 사용하지 않기 위한 노력의 일환으로 NDB는 회원국의 현지 통화로 대출의 30%를 제공하고 있다. 이러한 자국 통화를 이용한 투·융자는 회원국의 국내 자본시장 발전에 기여할 뿐만 아니라 대출 받은 측도 환율 변동으로 인한 리스크를 피할 수 있다는 장점이 있다.

한편, 2023년 8월에 남아공에서 개최되는 BRICS 정상회담이 크게 주목을 받고 있다. 여기서는 회원국 수의 확대, 그리고 자체 통화 발행의 두 가지 안건이 주로 논의될 예정이다. 이런 가운데 에마뉘엘 마크롱 프랑스 대통령의 BRICS 정상회의 참석을 희망하고 있어 이의 실현 여부도 주요 관심사로 부상했다.

우선, BRICS 5개국에 더해 '브릭스 플러스'가 탄생할지에 관심이 쏠린다. 이미 이란, 튀르키예, 아르헨티나, 인도네시아 등 25개 국가가 BRICS 회원국 가입을 요청한 상태다. 특히 주요 3대 산유국인 사우디아라비아, 이란, 아랍에미리트(UAE)가 공식 가입 요청을 하면서 BRICS가 G7의 대항마로서 역할을 할 것이라는 분석이 나온다. 이들이 합류하면 신흥국 중심의 BRICS는 그간 G7이 주목하지 못한 국제 이슈를 다루며 G7의 리더십에 도전할 수 있게 될 것이다.

또 다른 중요 관심사는 BRICS의 공용 화폐 발행 이슈이다. 이는 정상회담에서 구체적인 윤곽이 드러날 것으로 예견되는데 탈달러화

흐름과 맞물려 초미의 관심사이다. 이제까지 알려진 바에 의하면 브릭스 통화는 금본위제 도입, 무역 통화, 디지털 통화의 성격을 가진다. 그리고 신개발은행 NDB는 상호 지불결제의 청산거래소 역할을 할 전망이다.

한편, 러시아는 BRICS가 새로운 공용 화폐를 만들면 금본위제 방식의 희토류 금속을 사용해야 한다고 제안한 바 있다. 러시아에서 입법부 역할을 하는 국가 두마(Duma)의 알렉산더 바라코프 부의장은 "브릭스 통화는 금뿐만 아니라 다른 제품 그룹, 희토류 원소 또는 토지에 의해서도 확보될 수 있다."라고 말했다.

BRICS 공용 화폐가 실제로 나오게 되면 글로벌 시스템을 흔들 수 있는 강력한 대체 통화로 부상할 수도 있을 것이다. 이는 BRICS가 유로존(Euro zone)과는 달리 지리적으로 넓은 지역에 분포되어 있기에 역내 무역만으로도 자급자족을 이룰 수 있기 때문이다.

더욱이 BRICS가 확장될 경우 거의 모든 대륙의 국가들과 교역이 가능함에 따라 다양한 상품을 생산하고 서로 교역할 수 있게 된다. 아울러 BRICS는 국제수지 흑자를 기록하고 있기에 외환 보유고에 안전자산을 쌓아둘 수 있을 것으로 기대된다. 외국 자금에 기대야 할 필요가 없다는 것은 기축통화가 되는 데 가장 필수적인 사안이다.

그러나 BRICS의 공용 화폐가 제대로 작동하기에는 여전히 걸림돌이 많다. 내수용이 아닌 국제무역에서 사용될 화폐이기에 5개 국가의 중앙은행은 내수용과 무역용, 이중으로 화폐를 관리해야 하는 복잡한 과제를 떠안게 된다. BRICS 회원국 간의 정치적인 문제도 만만치 않다. 인도와 중국은 국경 분쟁 등으로 안보 이해가 서로 상충한다. 러시아 역시 중국 경제에 완전히 종속되는 것은 바라지 않는다. 결국 새로 탄생할 BRICS의 공용 화폐도 금이나 디지털화폐와 같이 강력한 달러 대체재의 하나로 작동할 것으로 보인다.

유로와 파운드, 엔화의 퇴조

유로화, 존재감 약한 기축통화

유럽연합(European Union)은 유럽의 정치경제 통합을 실현하기 위하여 1993년 11월 1일 발효된 마스트리히트 조약(Maastricht Treaty)에 따라 유럽 12개 국가가 참여하여 출범한 연합 기구이다. 2023년 6월 기준, 가입국은 27개 국이다. 27개 국을 모두 합치면 인구는 약 5억 명, 경제 규모는 미국과 맞먹는 거대한 집단이다.

유로(Euro, €)는 유럽연합의 화폐이다. 이전 유럽 각국에서 사용하던 화폐를 대체하였다. 유럽연합의 헌법과 같은 마스트리히트 조약에는 유로화를 EU의 단일 화폐로 규정하고 있으며 영국과 덴마크를 제외한 EU 회원국들이 쓰고 있는 자체 화폐들은 한동안 통용을 인정하되 최종적으로 유로화를 사용해야 한다고 규정되었다. 유로가 통용되는 지역을 유로존(Euro zone)이라고 한다.

유럽연합의 공식 화폐인 유로화(Euro)는 1999년 1월부터 화폐 실물이 없는 가상화폐로 처음 등장했다. 그러다 2002년 1월 1일부터는 독일·프랑스·이탈리아 등 유럽연합(EU, European Union) 12개 국가가 화폐 실물이 공급되면서 일반 상거래 수단으로 통용되기 시작했다. 이로 인해 독일의 마르크화, 프랑스의 프랑화, 이탈리아의 리라화, 그리스의 드라마크(drachma)화 등 그동안 EU 가입국들이 독자적으로 사용하던 화폐는 역사의 유물로 남게 되었다.

다만, EU 회원국이라고 해서 다 유로화를 사용하는 것은 아니며 총 27개 회원국 중 현재 유로화를 사용하는 나라는 20개 국가이다. 2023년 6월 기준 20개 국가는 벨기에, 네덜란드, 룩셈부르크, 프랑스, 독일, 스페인, 이탈리아, 포르투갈, 아일랜드, 오스트리아, 핀란드, 그리스(2001), 슬로베니아(2007년), 키프로스(2008년), 몰타(2008년), 슬로바키아(2009년), 에스토니아(2011년), 라트비아(2014년), 리투아니아(2015년)와 크로아티아(2023년) 등이다. 나머지 스웨덴·덴마크·폴란드·헝가리·체코·루마니아·불가리아 등 7개 회원국은 아직도 자국 화폐를 사용하고 있다.

유로존 가입을 원하는 국가는 2년간 유럽의 환율 변동을 조정하고 통화 안정성을 확보한다는 목적 아래 유럽환율메커니즘(ERM Ⅱ)에 참여해야 한다. 이에 따라 재정적자와 정부 부채, 이자율, 환율, 인플레이션 수준 등의 거시경제 변수를 고려한 4가지 조건을 충족해야만 유로존에 가입할 수 있다.

첫째 조건은 재정적자 비율로, 연간 적자 규모가 국내총생산(GDP)

의 3% 이내여야 한다. 그리고 정부 부채도 GDP의 60% 이내여야 한다. 이 조건을 충족시키지 못하더라도 이에 근접해야 한다. 둘째는 물가상승률이 가맹국 중 가장 낮은 3개 국가의 평균보다 1.5%포인트 이상 높지 않아야 한다. 셋째 조항은 환율인데, 가입 신청국은 유로존 환율조정장치를 따라야 하며 가입에 선행하는 2년 동안 통화가 평가절하를 겪은 적이 없어야 한다. 넷째, 10년 만기 국채금리도 물가상승률이 가장 낮은 3개 국가와 견줘 2.0%포인트 이상 높으면 안 된다. 하지만 유로존 탈퇴 조건이나 절차는 없다.

유로화가 통용되면서 적어도 유로 지역 내에서는 환 위험이 없어짐과 함께 각종 거래 비용 감소 등의 긍정적 효과가 생기게 되었다. 반면, 개별 국가의 입장에서는 자국 고유의 통화정책 포기라는 부담스러운 기회비용도 초래되었다. 즉 개별 국가들은 자국 중앙은행이 있지만 자국의 경제 상황에 맞는 통화정책을 임의적으로 수행할 수 없게 된 것이다. 반드시 유럽중앙은행의 통화정책 방향을 따라야 하는 제약을 지니게 되었다.

1998년 탄생한 유럽중앙은행(ECB, European Central Bank)은 유럽연합의 통화정책을 총괄하는 기능을 하고 있다. ECB의 주요 목적은 금리 조절 등을 통해 유로화를 사용하는 20개 유럽 국가, 즉 유로존의 경제를 안정시키는 일이다. 또 유럽 단일통화인 유로화 발행의 독점적 권한을 갖고 있다. 그러나 ECB의 기능은 유로존의 전체적인 금융정책 방향을 설정하는 것이며 실제 각 나라의 통화정책은 각국의 중앙은행이 책임을 지는 구조이다. 특히, 독일의 중앙은행인 분데스방크(Bundesbank)는 ECB 못지않게 그 역할과 비중이 매우 크다. 유럽의 최대 경제대국인 독일은 ECB에서도 가장 큰 지분을 가지고 있다.

유로화는 20여 년 전 달러를 위협할 경쟁 기축통화를 꿈꾸며 본격 발행이 됐지만 아직 달러를 완전히 대체하는 수준까지는 이르지 못해 사실상 2인자로 자리하고 있다. 유로화는 특별인출권(SDR)에서도 미국 달러 다음으로 2위의 비율을 차지하고 있다. 곡물 시장에서는 달러 위주로 결제가 이뤄지고 석유 시장에서는 달러와 파운드로 결제가 진행되는 게 아직 유로의 영향력을 제약하는 중요한 원인으로 작용한다. 그래도 주식 시장이나 채권 시장에서는 미국 달러에 버금가는 큰 시장을 형성하고 있다.

그런데 최근 들어 유로화의 입지가 더욱 불안해지고 있다. 유럽연합(EU) 내의 정치 경제적 불안과 여전히 강력한 달러의 위상 등으로 입지가 더 위축되고 있다는 평가가 나온다. 여기에 달러패권에 도전하는 중국 위안화의 부상도 유로에 위협이 됐다. 중국은 개도국과의 국제무역에서 위안화 결제를 확대하고 달러로 이뤄지는 원유 결제시장에서도 위안화 거래를 조금씩 늘려가고 있다.

사실 여러 면에서 EU의 공식 화폐 유로(Euro)의 위상은 갈수록 낮아지고 있다. 유로는 1999년 1월 1유로당 1.18 달러($1.18/€)로 달러를 능가하는 강세 통화로 출범하였다. 이후 등락을 보이다가 2002년 7월

15일 미국 달러화와 동등한 비율에 도달한 이후부터는 계속해서 미국 달러화를 능가하는 가치를 보여 왔다. 미국에서 금융위기가 한창 진행 중이던 2008년 4월 23일에는 유로화 가치의 달러 대비 환율은 사상 최고치인 1유로=1.5940달러, 즉 $1.5940/€(€0.6273/$)를 나타내었다.

그러나 이후 미국 경제는 호조를 보인 반면, 유럽 경제는 정체국면에 빠지면서 유로화는 약세로 전환하였다. 특히, 미국 금리가 급속한 상승기에 있던 2022년 9월에는 유로화 대비 달러 환율이 최저치인 1유로=0.9535달러, 즉 $0.9535/€(€1.0488/$)까지 떨어졌다. 이는 유로화 가치가 달러를 밑돈다는 뜻이었다. 다만 이후 달러가 약세로 돌아서고 반면, 유로화는 상승하면서 2023년 6월 말의 유로화 대비 달러 환율은 1유로=1.07달러, 즉 $1.07/€(€0.9314/$) 선에서 등락하고 있다.

국제 결제통화 시장에서의 유로 비중도 지속 하락하고 있다. 국제 은행간통신협회(SWIFT)에 따르면 2023년 4월 기준, 유로의 국제 결제통화 비중은 31.7%를 기록했다. 1위인 달러 다음으로 높지만 그 비중은 점차 줄어들고 있다. 국제 결제통화 시장에서 유로 비중은 2013년 37.5%, 2018년 34.3%에서 2023년 31%대로 하락했다. 같은 기간 달러 비중은 35.6% → 39.2% → 42.7%로 상승세다. 이로 인한 달러와 유로의 결제 비중 차이도 10년 전 마이너스(△) 1.9%포인트에서 플러스(+) 11.7%포인트로 확대됐다.

글로벌 외환 보유액 비중으로 봐도 유로는 달러에 한참 못 미친다.

국제통화기금(IMF)이 발표한 세계 각국의 외환 보유고 중 통화별 구성 비중에 따르면 2022년 4분기 유로는 20.5%로 달러 58.4%의 3분의 1에 그친다. 외환 거래 시장에서도 유로의 비중은 달러에 크게 못 미친다.

특히, 2010년 전후로 경제 상황이 악화하면서, 기축통화로서 한계가 여실히 드러나고 있다. 유럽의 부채위기, 독일·프랑스의 리더십(leadership) 약화, Brexit, 남유럽과 북서유럽 간 빈부 격차 확대 등이 걸림돌이다. 특히, 엄격한 재정준칙으로 인해 정부 부채 비율이 높은 남유럽의 국가들이 독자적인 재정정책을 펴기 어려워 회원국 간 정치적 갈등이 심화되고 있다. 또 통화정책의 탄력적 운용도 역내 경제적 불균형이 큰 상황에서 소폭의 금리 인상도 부채가 많은 남유럽 국가를 침체에 빠뜨릴 수 있어 어려움이 있다. 여기에 코로나(COVID-19) 사태와 우크라이나 전쟁으로 인한 에너지 가격 변동성도 커다란 리스크로 작용하고 있다.

하지만 유로화는 부국이 많은 서유럽 국가들이 유기적으로 끈끈히 뭉쳐 사용하는 화폐이기에 특정한 한 나라가 휘청거린다고 해서 유로존 전체가 덩달아 흔들릴 우려는 낮다. 그리고 달러 수준은 아니지만 여전히 국제 금융시장에서 최소한 2위를 유지하고 있고 안정성도 높은 만큼 준 기축통화로서의 위상과 가치는 여전하다.

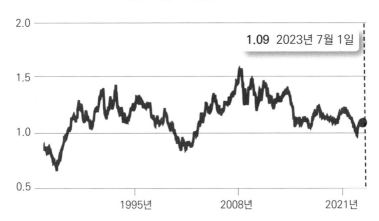

달러/유로 환율 추이

1.09 2023년 7월 1일

2* 끝나지 않은 유로존의 경제위기

2008년 미국에서 시작된 글로벌 금융위기의 여파는 얼마 안 가 유로화를 통화로 사용하는 유로존(Eurozone) 국가들에게까지 덮치게 된다. 특히 재정적자가 심하였던 포르투갈(Portugal), 이탈리아(Italy), 아일랜드(Ireland), 그리스(Greece), 스페인(Spain) 등 소위 PIIGS 국가들은 크게 흔들리는 모습을 보였다. 'PIIGS'는 이들 국가의 머리글자를 따서 만들어진 용어인데, '돼지(pig)'를 연상시켜 모멸적인 느낌을 준다며 해당 국가들은 불쾌감을 드러내기도 했다.

2010년 4월 그리스를 시작으로 아일랜드(2010년 11월)와 포르투갈(2011년 4월), 스페인(2012년 7월)이 차례로 재정이 악화하면서 구제금융을 지원받게 되었다. 이들 중 스페인은 은행부문만 지원을 받았으나 다른 국가들은 전면적인 구제금융을 지원받았다. 다행히 구제금융 덕분에 그리스를 제외한 다른 국가들은 위기상황에서 벗어날 수 있게 되었다.

그러나 재정 및 금융부실 상태가 가장 심각했던 그리스에 대한 구제금융에는 상당한 진통을 겪었으며 그 여진이 아직도 진행 중이다. 그리스는 작은 나라이다. 인구 1,100만 명을 조금 넘고 경제 규모는 2천억 달러가 조금 넘어 우리나라의 1/8 수준에 불과하다. 그럼에도 세계 경제가 그리스 사태에 신경을 곤두세우고, 유럽연합 채권국들이 그리스와의 협상 결과에 매달렸던 이유는 무엇일까?

이는 그리스가 유로존을 탈퇴할 경우 도미노 현상이 우려되었기 때문이다. 여타 재정상태가 좋지 않은 유로존 국가들이 그리스에 이어 유로존과 유럽연합(EU)을 탈퇴함으로써 유로존 전체가 와해될 가능성마저 없지 않았다. 그렇지 않아도 어려운 세계 경제는 더 크게 흔들리고 새로운 위기국면으로까지 치달을 가능성마저 배제하지 못할 상황이었다. 실제로 그리스의 디폴트(default) 우려가 커진다는 소식이 전해졌을 당시에는 신흥국들의 금융시장 불안이 크게 높아지기도 했다.

이와 같은 유럽의 재정위기는 기본적으로는 위기 당사국들이 과다한 복지 수요를 뒷받침하려다 보니 재정운영이 방만하게 이루어진 데서 찾을 수 있다. 여기에 글로벌 경제위기가 기름을 부은 격이다. 그런데 이러한 표면적인 이유 못지않게 유럽 경제 통합에 따른 구조적 문제에서도 그 뿌리를 찾을 수 있다.

유럽 경제가 통합될 당시 유로존 회원국들 상호 간에는 인플레이션,

단위 노동비용, 생산성 등 경제의 기초 체력 면에서 엄연한 격차가 있었다. 그러나 이를 무시한 채 단일 화폐인 유로(Euro)를 도입하였다. 이에 회원국 간 대외 경쟁력 격차는 더욱 확대되어 갔다.

유로존은 단일통화 도입과 함께 무역장벽을 철폐하고 자본 이동의 자유를 보장했지만 회원국 간 생산성 격차는 줄어들지 않았다. 여기에 단일 화폐시스템의 도입은 환율의 대외 불균형 조절 기능을 할 수 없도록 만들면서 회원국 간 경상수지 불균형은 더 심화하였다. 예컨대, 독일과 네덜란드 등 경쟁력이 높은 북유럽의 국가들은 경상수지 흑자를 누리고 있는 데 반해, 그리스·포르투갈·스페인 등 산업 경쟁력이 떨어지고 물가가 높은 남유럽의 국가들은 경상수지 적자가 누적되면서 대외채무가 대폭 늘어났다.

결국 경쟁력이 있는 북유럽의 국가들은 수출을 통해 지속적인 성장을 하게 되고 경쟁력이 약한 남유럽의 국가들은 지출과 소비를 지탱해 나가기 위해 불가피하게 대규모의 부채를 질 수밖에 없는 구조적인 문제가 발생한 것이다.

이와 함께 통화정책과 재정정책이 분리된 것 또한 문제를 키웠다. 통화정책은 유럽중앙은행(ECB)을 통해 시행되는 반면, 재정정책은 각 회원국 자율에 맡겨져 있어 동질성을 확보하기가 어려웠다. 개별 회원국이 자국의 경제 상황에 따라 통화정책을 신축적으로 운용할 수 없는 상황에서는 경기 침체 등에 따른 정책 부담이 고스란히 재정으로 전가 될 수밖에 없다. 따라서 경제적 어려움에 직면한 나라는 재정 건전성을 확보하기가 매우 어렵다. 더욱이 재정이란 기본적으로 조세 등 한 나라의 주권과 밀접한 관련이 있을 뿐 아니라 그 수요도 개별 회원국의 정치·사회·경제 상황에 따라 상당한 편차가 있기 마련이다.

EU 연방정부도 회원국들에게 엄격한 재정 기준을 적용하지 못했다. 즉 EU는 '재정 안정성장 협약(Stability and Growth Pact, SGP)'을 통해 각 회원국에 연간 재정적자 및 국가 부채 잔액 규모를 각각 GDP의 3% 및 60% 이내로 제한할 것을 요구하고 있지만 이는 선언적인 의미에 그치고 있을 뿐이다. 결국 단일 통화체제를 유지하는 데 필수인 '회원국의 재정 동질성 확보'라는 대전제는 이처럼 이원화된 정책체계로 인해 한계가 있다.

여기에 회원국 내부의 정치적 이해가 다른 것도 문제를 키우고 있다. 영국은 유럽연합(EU) 회원국이지만 유로존에는 가입하지 않았다. 자국 통화인 파운드화를 지키고 싶기도 했지만 정치적 이유가 더 컸다. 유로존은 독일과 프랑스가 주도하고 있기에 영국은 자칫 들러리로 전락할 우려를 느꼈기 때문이다. 2021년에는 '브렉시트(BreXit)'를 단행함으로써 아예 유럽연합에서도 탈퇴하였다. 영국의 탈퇴는 정치경제적으로 유럽연합에 미칠 부정적 영향이 매우 컸다. 영국은 20세기 초까지 세계를 지배한 초강대국 대영제국이었고, 탈퇴가 진행 중이던 2020년에도 세계 5위의 경제대국이며 독일, 프랑스와 함께 유럽연합의 리더였기 때문이다.

영국이 브렉시트를 단행한 이유는 크게 2가지다. 우선, 2008년 글로벌 경제위기로 촉발된 유럽 재정위기가 계기가 됐다. EU의 재정 악화가 심화되자 영국이 내야 할 EU 분담금 부담이 커졌고 이에 영국 보수당을 중심으로 EU 잔류 반대 움직임을 확산한 것이다.

여기에 영국으로 들어오는 취업 목적의 이민자가 대폭 증가하고 특히 2015년 말 시리아 등으로부터의 난민 유입이 계속되자 EU 탈퇴를 요구하는 움직임이 가속화됐다. 사실 유럽통합 이후 국가 간 이주가 자유로워지면서 동구권 국가에서 많은 부랑자와 난민들이 영국을 비롯한 서부와 북부 유럽국가로 쏟아져 들어왔다. 그 결과 이들 국가에서는 불법 이주자들로 인한 사회적 혼란을 우려하는 부정적인 여론이 제기되었다.

이처럼 유럽의 경제위기는 위기 당사국의 국내 경제문제에서 비롯되었지만, EU의 태생적·구조적인 문제도 무시하기 어렵다. 이런 관점에서 볼 때 구제금융 지원은 개별 국가의 위기가 유럽 전역으로 확산하는 것을 막는 일시적인 방편에 불과하다고도 할 수 있을 것이다.

따라서 유럽이 당면하고 있는 재정과 경제의 위기를 근본적으로 해결하고 재발을 방지하기 위해서는 위기 당사국들이 구조조정 등 고통을 감내함으로써 경제 체질을 강화하는 것이 중요하다. 그리고 EU 차원에서도 경상수지 불균형 해소와 재정의 동질성 확보를 위한 제도적 장치 마련과 함께 정치적 이해 조정을 위한 상호협력 또한 매우 중요한 과제이다.

결론적으로 유로존 국가들이 위기를 근본적으로 해결하고 재발을 막기 위해서는 위기 당사국들이 구조조정 등 고통을 감내함으로써 경제 체질을 강화하여 경상수지 불균형을 해소해 나가야 한다. 아울러 EU 연방정부 차원에서도 재정의 동질성 확보를 위한 제도적 장치 마련이 필요하다. 하지만 현재 위기 당사국 내에서의 정치적·경제적 이해관계로 인해 구조조정에 어려움을 겪고 있다. 또 재정 긴축에 대해서도 독일·프랑스 등 핵심 국가와 위기 국가들 사이에 견해 차이가 크다. 이런 관점에서 유럽의 경제위기가 빠른 기간에 해결되기는 쉽지 않을 것이라는 전망이 힘을 받고 있다.

　　여기에 2022년 초에 발발한 러시아–우크라이나 전쟁은 상황을 한층 더 악화시켜 놓았다. 에너지 가격 상승으로 인해 물가 불안을 촉발한 것이다. 특히, 러시아에의 가스 의존도가 높던 독일의 소비자물가 상승률은 10%를 웃돌기도 했다. 이에 금리 인상이 불가피해졌다. ECB는 8년 만에 금리 인상에 나서 1년 동안 기존의 제로금리에서 4%로 금리를 대폭 인상하였다. 이는 그렇지 않아도 지지부진하던 경기 회복세에 찬물을 끼얹는 격이 되었다.

3[*] '브렉시트(Brexit)'와 파운드화의 추락

제2차 세계대전 이전만 해도 세계 기축통화는 영국 파운드화(pound, £)였다. 19세기 중반 이후 다수의 식민지를 거느린 영국은 국제금융의 중심지로 자리 잡았고, 파운드는 매우 안정적이고 믿을 수 있는 결제통화로 등극했다. 제1차 세계대전이 발발하기 직전이던 1913년, 세계 외환 보유고에서 파운드화의 비중은 48%에 달했다. 또 1860년부터 1914년까지 세계 교역의 60%가 파운드화로 결제됐다. 그 결과 1920~1930년대 파운드화의 가치는 현재 미국 달러의 5배에 달했다.

반전의 계기가 된 것은 두 차례의 세계대전이었다. 전쟁을 치르면서 영국은 막대한 정치 경제적 타격을 입었다. 제2차 세계대전이 끝난 뒤에 엄청난 빚더미에 앉게 되면서 파운드화의 몰락이 본격화되었다. 결국 영국은 막대한 채무를 감당하지 못하고 기축통화의 지위를 미국 달러에 넘겨줬다. 영국 파운드화 시대는 1944년 '브레턴우즈 협정'을 기점으로 공식적으로 막을 내렸다.

이후에도 파운드화를 둘러싼 악재는 이어졌으며 특히 2020년대 들어서는 악재들이 연이어 일어났다. 브렉시트, 팬데믹과 우크라이나 전쟁, 감세를 둘러싼 정책 혼선까지 겹치면서 2022년 9월 말에는 파운드화 가치가 사상 최저치로 폭락했다. 과거 통상 1파운드당 1.5달러 선을 웃돌던 달러/파운드 환율이 1파운드 당 1.03달러까지 추락한 것이다. 1파운드와 1달러의 가치가 같아지는 '패리티(parity)'가 나타날 것이라는 전망마저 나오기도 했다.

영국 경제 및 파운드화 위기의 이유로 가장 많이 언급되는 것은 '브렉시트(BreXit)'다. 브렉시트가 가장 광범위하게 영향을 미친 부문은 무역이다. 브렉시트는 영국의 유럽에 대한 무역장벽이 높아지는 것을 뜻한다. 무역을 위한 절차가 복잡해지는 것은 물론, 관세 등으로 인한 추가 비용 또한 무시할 수 없다. 영국의 수출량 중 63%가 유럽연합이며 수입량도 50% 이상이 유럽연합이기 때문이다. 노동력 공급 애로도 심화되었다. 그동안 영국 노동력에서 큰 부분을 차지했던 유럽에서의 유입 노동력이 큰 폭으로 줄었고 이는 결국 임금 상승으로 이어지게 되었다.

그러나 브렉시트 이후 영국의 기초 체력과 파운드화의 위상을 약화시킨 가장 큰 치명타는 '금융허브(financial hub)'로서의 지위가 추락하고 있다는 점이다. 금융은 사실상 영국 경제의 중심산업이다. 특히, 런던은 제3세계에 대한 달러 공급의 축이며 미국과 유럽 금융시장의 완충지대 겸 창구 역할을 담당해 왔다.

이처럼 브렉시트가 영국 금융계에 재앙이 되는 이유는 EU를 탈퇴하는 순간 금융계의 '패스포팅' 권리가 상실되기 때문이다. '패스포팅(Passporting)'이란 금융기관이 EU 회원국 중 어느 한 곳에서만 인가를 받으면 다른 회원국에서도 상품과 서비스를 팔 수 있는 권리를 지칭한다. 즉, 영국은 EU에 속해 있었기에 런던에서 인가를 취득한 글로벌 금융회사들은 EU 회원국 고객에게 금융상품을 팔 권리가 있었다. 그러나 브렉시트로 더이상 이런 지위를 누릴 수 없게 된 것이다.

실제로 금융기관의 탈영국 현상이 이어졌다. 협상이 타결되기 이전부터 이미 세계 3대 투자은행들은 런던사업부를 절반 이하로 축소했다. 골드만삭스(Goldman Sachs)는 런던 인력의 절반을 감축했고 JP모건(JP Morgan)은 유럽 다른 도시의 3개 사무소로 인력 재배치를 끝냈다. 독일 도이치뱅크, 일본 노무라증권, 미국 뱅크오브아메리카(BoA)와 홍콩에 기반을 둔 영국 HSBC, 심지어 영국 토종 금융사인 바클레이즈(Barclays)까지 런던 탈출 러쉬(rush)에 가담하고 있을 정도였다.

한편, 글로벌 금융시장은 2022년 9월 말경 영국발 금융위기 가능성이 고조되면서 커다란 혼란에 빠지게 되었다. 그 진원지는 2022년 9월 21일 영국 트러스(Mary Elizabeth Truss) 신임 총리가 발표한 450억 파운드(약 70조 원)의 대규모 감세안을 골자로 하는 '미니 예산(mini budget)'이었다.

예산 발표 직후 시장에서는 급격한 금리 인상과 가파른 인플레이션 우려 속에 50년 만의 대규모 감세 정책과 에너지 보조금 지출이 가져올 후폭풍에 대한 우려가 커졌다. 대규모 감세와 지출을 위한 정부 재원 마련은 국채 발행뿐인데 금리 인상 기조 속에서 이러한 조치는 물가상승을 부추길 뿐 아니라 정부 부채 악화로 귀결될 수밖에 없다. 그러나 경기를 살리기 위해 세금을 걷지 않기에는 영국의 부채가 너무 많다는 점이 걸림돌이 되었다. 2022년 영국 정부의 GDP 대비 부채 비율은 약 100% 수준으로 매우 높은 실정이다.

이후 파운드화의 급락은 물론이고 전 세계의 금융시장을 불안과 충격의 도가니로 몰아넣었다. 9월 26일 미 달러화 대비 영국 파운드화 환율은 1.03달러까지 급락해 1971년 이후 최저치를 기록하였으며 30년물 국채금리는 장중 5%대를 돌파했다. 또 파운드화 급락으로 가뜩이나 심각한 '킹달러' 현상이 더욱 가속화됨으로써 여타 대부분 국가의 통화 가치 하락 사태까지도 벌어졌다. 일각에서는 영국이 1976년 이후 처음으로 IMF 구제금융을 받아야 할지 모른다는 경고까지 나왔다.

이와 함께 물가 불안도 파운드화 가치 하락의 한 요인이 되었다. 물가 불안의 결정적인 계기는 2022년 2월 러시아의 우크라이나 침략 전쟁이었다. 에너지 가격이 급격히 상승하며 전기요금과 난방비 등이 치솟았다. 식량 위기로 인해 식료품 가격도 올랐다. 코로나 팬데믹 기간에 이루어진 과잉 유동성으로 인해 이미 인플레이션이 진행 중인 상황에서 우크라이나 전쟁은 기름을 부었다. 2022년 10월의 소비자물가 상승률은 11.1%로, 42년 만에 최고치를 기록했다. 2023년 들어서도 2월 10.1%를 기록하는 등 인플레이션은 여전히 진행 중이다.

이와 같은 급격한 인플레이션으로 인해 조금씩 살아나는 듯하던 소비 심리는 빠르게 꺾이면서 금리 인상을 단행하기가 어려워졌다. 영국의 중앙은행인 영란은행은 2021년 12월부터 금리를 계속해서 인상해 왔으나 인상 폭을 낮게 잡으면서 너무 소극적인 통화정책을 취한다는 지적을 받았다.

결국 빠른 속도로 금리 인상을 실시한 미국 및 유로존과의 금리 격차가 커지면서 파운드화 가치는 급락하였다. 이후 물가 상승 속도가 너무 가팔라지자 다른 나라들보다 오히려 더 적극적인 금리 인상조치에 나서게 되었다. 그 결과 2023년 6월의 기준금리는 5.0%로 미국의 5.0~5.25%에 근접하게 되었고 파운드화 가치도 다소 회복하기 시작했다. 2023년 6월 달러/파운드 환율은 1파운드당 1.25달러 수준을 오르내리고 있다. 그러나 과거보다는 여전히 파운드 약세 현상을 나타내고 있다.

이처럼 파운드화가 추락하게 된 근원적인 원인은 기본적으로 영국의 경제력 펀더멘탈(fundamental)이 과거보다 많이 약화된 것에서 비롯된다. 국제통화기금(IMF)은 영국의 2023년 GDP 증가율을 △0.6%로 예측했다. G7 국가 중 유일하게 '마이너스 성장'을 기록할 것이란 얘기다. 그 결과 영국의 2023년 1분기의 GDP 규모는 과거 식민지였던

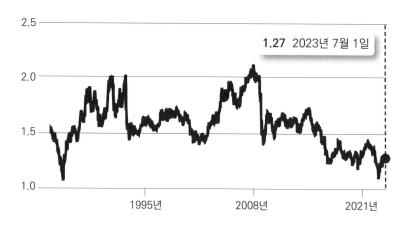

달러/파운드 환율 추이

1.27 2023년 7월 1일

인도에 세계 5위 경제대국의 자리마저 내주고 6위로 내려앉았다.

더욱 암울한 것은 앞으로의 경제 전망 또한 그리 밝지 못하다는 것이다. 이와 같은 전망은 브렉시트의 부정적 영향이 점차 본격적으로 나타날 것으로 예견되며 또 최근 미국을 중심으로 전 세계가 중시하고 있는 제조업 기반이 매우 취약하다는 점 등에서 비롯되고 있다. 아울러 미국과 중국의 갈등 과정에서 야기된 국제 사회에서의 위상 하락도 이를 뒷받침하고 있다. 일각에서는 일본처럼 영국 또한, '잃어버린 30년'을 맞이할 수 있다는 경고마저 나오고 있다. 이에 파운드의 위상도 덩달아 암울한 상황이다.

4 잃어버린 30년과 퇴조하는 엔화 위상

일본 경제는 1970년대 들어 두 번의 석유 위기, 1985년 엔고 불황을 경험하면서도 감량 경영과 합리화 정책으로 위기를 잘 극복하며 1970년대부터 1980년대 말까지 20년간 연간 4% 이상의 높은 성장을 지속해왔다. 그 결과 세계 제2위의 경제대국을 실현하였고 1인당 국민소득도 계속해서 증가하여 1987년에는 미국을 앞지르게 되었다.

당시 일본의 제조업 경쟁력은 세계 최고였다. 세계 최강의 기술력을 바탕으로 '메이드 인 재팬(Made in Japan)' 제품은 세계 시장을 석권하고 있었다. 특히 소니(Sony)사의 워크맨을 비롯한 전자제품은 절대 강자의 위치를 구축하고 있었다. 자동차 판매량 또한 자동차 왕국 미국을 위협할 정도로 증가하였다.

이에 반해 1980년대 초 당시의 미국은 대외무역수지 불균형과 안으로는 재정적자에 시달리고 있었다. 이것이 소위 말하는 쌍둥이 적자 (twin deficit)이다. 1980년 대통령에 당선된 레이건은 소위 '레이거노믹스(Reaganomics)'를 펼쳤다. 이는 군사력 우위와 달러 강세를 양축으로 하는 '강한 미국(Strong America)' 정책이었다. 당시 미국은 1973년과 1979년 두 차례의 오일쇼크로 물가 상승과 경기 침체가 동시에 오는 스태그플레이션(stagflation)에 처해 있었다. 이를 극복하기 위해 레이건 (Ronald Reagan) 행정부는 경제정책 면에서 '레이거노믹스', 즉 고금리 정책과 감세정책을 추진해 나갔다.

금리가 두 자리에 달하는 고금리정책으로 인해 인플레이션에서의 탈출에 성공할 수 있었다. 또 세계의 자금이 높은 금리를 찾아 미국으로 집중되었고, 그 결과 자본수지의 흑자로 이어져 무역수지 적자를 상계하면서 달러 강세 기조가 지속될 수 있었다. 그러나 고금리는 기업의 투자를 위축시켜 미국의 제조업 경쟁력이 악화되고 그 틈새에 일본의 상품들이 들어오면서 무역 적자를 증가시키게 되었다. 특히 대일 (對日) 적자는 1985년 429억 달러로 확대됐다.

한편, 감세정책은 민간소비를 늘리고 조세수입을 증가시켜 재정수지를 개선한다는 선순환적 논리에 기반을 두었으나 실상은 오히려 재정적자를 악화시키게 되었다. 그리하여 레이건 행정부는 쌍둥이 적자라는 어려움에 봉착하였다.

이런 상황에서 '플라자협정(Plaza Accord, Plaza Agreements)'이 만들어진다. 이는 1985년 9월 22일 프랑스와 독일, 일본, 미국, 영국 등 선진 5개국 중앙은행 총재가 뉴욕의 플라자호텔에서 만나 미국의 무역수지 개선을 위해 일본 엔화와 독일 마르크화의 평가절상을 유도하며 이것이 순조롭지 못할 때는 정부의 협조 개입을 통해 목적을 달성한다는 등의 내용에 합의한 것을 말한다.

당시 제임스 베이커(James Baker) 미국 재무장관은 달러화의 가치 상승이 세계 경제가 직면하고 있는 문제들의 하나라고 지적하면서 달러 강세 현상을 시정해 줄 것을 요청한다. 그리고 G5 재무장관들은 세계 각국의 대외 불균형을 시정하기 위해서는 환율이 그 역할을 다해야 한다는 점, 달러를 제외한 주요 통화의 대 달러 환율을 상승시키는 것이 바람직하다는 점, 이 모든 사안을 위해 밀접하게 협력해 간다는 점들에 합의하였다.

이 합의로 독일 마르크화는 1주일 만에 달러화에 대해 약 7%, 엔화는 8.3% 각각 오르는 즉각적인 변화가 나타났고 이후 2년 동안 달러 가치는 30% 이상 급락했다. 반면 일본 엔화 가치는 급격히 상승하였다. 엔화 가치는 1985년 2월 당시 달러당 260엔에서 3년 만인 1987년 말 120엔대로, 1995년 중반에는 80엔까지 올랐다. 10년 만에 통화 가치가 3배나 오른 셈이다. 이로 인해 일본 경제는 장기 불황을 겪게 되었으나 미국 경제는 저물가 아래 견실한 성장세를 지속했다. 이 시기에 우리나라를 비롯해 다수의 개발도상국은 저금리-저물가-달러 약세라는 3저 호황을 누리게 된다.

그러면 플라자합의는 왜 이루어졌을까? 한마디로 당시 미국이 지나치게 경상수지 적자를 내고 있었기 때문이다. 지금도 마찬가지이지만 당시에도 기축통화인 달러화의 위상은 지켜져야만 했다. 즉 달러화 가치가 하락하게 되면 달러를 상당수 보유하고 있던 여타 무역 흑자국들은 달러를 금이나 다른 자산으로 변경하여 보유하려 할 것이고, 그렇게 되면 결국에는 달러의 위상이 흔들리게 된다.

그런 위험 때문에 세계 전체적으로도 달러화 강세가 유지되어야 한다는 견해가 강했다. 그러나 미국의 경상수지 적자가 갈수록 확대되고 있는 점, 특히 일본으로부터의 대규모 경상수지 적자가 가장 큰 문제였다. 만약 엔화의 저평가 상태가 계속된다면 미국의 경상수지 적자는 지속될 것이고, 그에 따라서 결국에는 달러의 가치가 하락하게 될 수밖에 없었다. 그래서 미국은 일본에 엔화 가치를 상승시킬 것을 요구하게 된 것이다.

한편, 일본으로서도 미국의 압박을 받아들이지 않을 수 없었다. 당시 일본의 수출라인은 대부분이 미국시장이었다. 여타 다른 국가들에 대한 수출 의존도는 상대적으로 작았다. 따라서 만약 미국이 무역장벽을 높여 일본의 수출에 압박을 가하면 스스로 환율을 상승시키는 것보다 더 큰 직접적인 위험이 될 수 있었다. 또 일본이 외환 보유고로 가지고 있던 달러의 가치가 폭락하게 되면 어차피 큰 타격을 입게 되기에 어쩔 수 없는 선택이기도 했다. 그래서 결국 일본은 미국의 요구를 받아들이게 된 것이다.

이후 엔고(円高)와 달러 약세 현상이 지속되었다. 1995년 4월 18일에는 엔/달러 환율이 1달러당 79.8엔을 기록하며 80엔선까지 무너졌다. 이에 바로 다음 달에는 선진 7개국(G7) 중앙은행 총재들이 달러 가치 부양과 아울러 엔고 현상의 시정을 목적으로 '역 플라자합의(anti-Plaza agreements)'를 도출해 낸다. 이를 통해 어느 정도 효과는 있었지만 엔고의 도도한 물줄기를 되돌려 놓기에는 역부족이었다.

플라자협정 체결 이후 엔화 가치가 급상승하면서 일본 기업들은 수출 애로를 겪게 되었다. 이는 그동안 수출 주도로 고도성장을 구가해 온 일본으로서는 위기였다. 이를 타파하기 위해 일본 정부가 취한 대책은 금융완화 시책이었다. 당시 일본 중앙은행 총재 스미타 사토시는 엔고로 인한 수출 경쟁력 약화를 염려한 정치권의 압박에 굴복하여 1986년 1월 정책금리를 5%에서 4.5%로 내렸다. 30년에 가까운 금융완화 정책 기조의 시발점이 된 것이다.

이후 1987년 2월까지 1년 동안 7회에 걸쳐 금리를 2.5%까지 인하했다. 이후 금리를 약 2년간 2.5%에 고정했으나 엔화는 꿈쩍도 하지 않았다. 오히려 호황기와 방만하게 풀린 시중 자금은 주식과 부동산 등 자산가격의 급등만 초래하였다. 1989년 12월 38,915로 사상 최고점을 찍었던 닛케이(日經, Nikkei)지수는 1985년 1월 이후 5년 사이에 무려 3.2배나 올랐다. 부동산 가격도 천정부지로 치솟아 동경의 땅값이 미국 전체를 사고도 남는 수준이 될 정도였다. 그러나 부동산 거품이 터지면서 일본 경제는 나락으로 빠지게 된다.

이후 뒤늦게 과잉 유동성과 부동산 거품을 걱정한 일본은 1989년 4월에 가서야 정책금리를 올리면서 금융 긴축 기조로 돌아섰다. 1990년 8월까지 1년 반도 안 돼 금리는 6%까지 치솟았다. 갑자기 돈줄이 조여지자 거품이 잔뜩 끼어있던 부동산과 주식 가격의 폭락이 초래된 것은 물론이다. 이처럼 주식과 부동산 거품이 터지면서 자산가치 폭락으로 심각한 소비와 내수 위축이 초래되었다. 또 기업투자 부진, 기업과 금융기관의 동반 부실, 제로 또는 마이너스 경제성장 등의 후유증이 초래되었다.

일본 기준금리 추이(%)

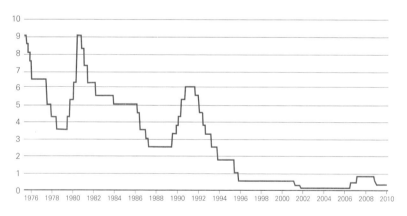

이 과정에서 일본 기업들은 거품 붕괴의 경험 탓에 축소지향적 경영에 몰두하고 말았다. 엔고에 따른 가격 경쟁력 약화를 연구 개발과 신사업에 대한 과감한 투자 등을 통해 극복하지 못하였다. 수출기업의 경우 엔고를 피해 해외 생산기지 확대를 추진했다. 1985년 3.0%에 불과했던 일본 제조업의 해외 생산 비율은 1990년 6.0%로 늘어났고 2010년 18.1%까지 증가했다.

　이후 시작된 장기 불황을 극복하기 위하여 일본 정부는 재정지출 확대와 제로금리를 선택하였다. 1991년 7월부터 1995년 9월까지 기준 금리를 6%에서 0.5%까지 인하하였고 2002년부터는 제로금리를 시행하였지만 불황은 계속 이어졌다. 내수가 생각대로 살아나지 않고 오히려 심화하였기 때문이다. 더욱이 내수 부진이 고용과 임금 불안정성 증대, 인구 고령화 진전 등 당장 해결하기 어려운 구조적인 요인들에 주로 기인했기에 문제의 심각성이 더했다. 나아가 재정지출 확대는 내수진작에는 다소 도움이 되었지만 국내총생산(GDP) 대비 200%를 웃도는 국가 부채 비율이 나타내듯 재정 부실을 초래하였다.

　그리고 제로금리 상황에서 돈이 더 높은 이자를 찾아 해외로 빠져나가는 엔 캐리 트레이드 현상도 나타났다. '엔 캐리 트레이드(¥ Carry Trade)'란 금리가 낮은 엔화를 빌려 일본보다 수익률이 높은 다른 나라의 주식, 선물, 현물 등의 상품에 투자하는 것을 뜻한다. 당시 '와타나베 부인'도 등장했다. 이는 일본의 성(性)씨를 뜻하지만 금융가에서는 저금리 시대 낮은 금리로 엔화를 빌려 외화로 환전한 뒤 해외의 고금리 자산에 투자하는 일본의 중상층 주부 투자자를 통칭하는 용어이다.

　일본 투자자뿐만 아니라 헤지펀드 등 국제 투기자본도 일본 시중은행에서 저금리의 엔화를 빌려 일본보다 금리가 높은 나라의 주식, 채권, 부동산 등 다양한 자산에 투자하였다. 미국 국채에 대한 투자가 컸

기에 미국으로서는 도움이 되었지만 핫머니로도 작용함으로써 부작용

또한 작지 않았다.

엔/달러 환율 추이

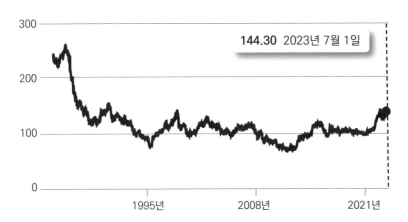

144.30 2023년 7월 1일

5*　'아베노믹스(Abenomics)'의 명암

　일본 경제의 역사는 '엔고(円高)와의 싸움'이라고 해도 과언이 아닙니다. 1985년 9월의 플라자합의는 일본 경제에 대전환점이 됐다. 이후 엔화 가치는 10년 만에 3배나 올랐다. 그 이후에도 엔화는 계속 상승하여 2012년 9월에는 77엔을 기록했다. 이는 결국 일본 기업의 수출 경쟁력 약화를 가져왔다. 여기에 내수 부진이 더 큰 문제로 가세했다. 일본의 실질 국내총생산(GDP) 성장률이 1980년대 평균 4.7%에서 1990년대 이후 1%대로 급락한 것은 주로 내수 부진에 기인했다. 이 내수 부진은 현재 일본 경제가 안고 있는 최대 문제인 '디플레이션 (deflation)'에서 비롯되고 있다.

　2011년 9월 출범한 노다 요시히코(野田佳彦) 내각 정부는 이런 문제를 해결하기 위해 노력해 왔다. 그러나 취약한 재정과 장기간 시행중인 제로금리정책으로 인해 동원할 수 있는 정책 수단이 바닥이 나면서 한계에 봉착했다. 이 때문에 정부는 일본 기업의 해외 진출 억제와 경기부양 차원에서 엔고 저지를 위한 외환시장 개입에 주력했다. 그러나 이 역시 별다른 효과를 거두지 못하였다.

아베신조(安倍晋三)가 총리가 되면서부터는 상황이 조금씩 변하기 시작한다. 아베는 2012년 총리가 된 이후 과감한 경기부양책을 쓰기 시작하는데, 이를 흔히 '아베노믹스(Abenomics)'라고 부른다. 그는 취임 후 지난 약 20년간 계속된 경기 침체를 해소하기 위해 연간 물가상승률을 2~3%로 정하고 과감한 금융 완화, 인프라 투자 확대 재정정책, 적극적인 경제 성장정책을 펼쳤다.

우선, 취임 후 10년간 약 200조 엔의 자금을 각종 토목공사에 투입하는 과감한 재정정책 추진을 선언하였다. 또 아베는 당시 미국이 주도했던 환태평양경제동반자협정(TPP) 출범에도 적극적으로 참여하였다. 이는 '아베노믹스'가 공격적인 엔저 정책 및 양적완화에 이어 무역협상도 적극적으로 추진하겠다는 의미였다. 수출기업의 실적 회복을 통해 경기부양을 노리는 아베 정권의 경제정책이 엔저 정책에 이어 관세 철폐로 더 힘을 받게 되기 때문이다.

무엇보다 중요한 아베노믹스의 핵심은 통화정책이었다. 디플레이션과 엔고 탈출을 위해서 무제한의 양적완화, 마이너스 금리 등 모든 정책수단을 동원하겠다고 선언하였다.

미국이 2009년부터 양적완화를 단행하자 일본도 이에 동조하여 양적완화에 나섰다. 2010년 11월, 일본은행은 기준금리를 현행 0~0.1%로 동결하는 한편, 금융자산 매입기금을 활용해 국채와 주식펀드, 부동산 신탁 등의 매입에 착수했다. 이후 일본은 자금의 공급 규모와 매입자산 대상을 지속해서 늘려왔다.

2013년 4월, 일본은행은 아베노믹스의 전도사로 알려진 구로다 하루히코(黑田東彥) 총재가 취임하면서 양적완화는 더욱 탄력을 받으며 가속화되었다. 그는 물가상승률 2% 목표 달성을 위해 본격적으로 질적 및 양적 면에서의 금융완화 시책을 추진하겠다고 선언하였다. 이후 금리를 추가로 인하하여 기존의 제로금리에서 2016년부터는 아예 -0.1%의 마이너스 금리를 도입하였다.

이와 아울러 양적완화 시책도 미국보다 더 과감하게 추진해 나갔다. 우선, 양적완화의 총액 한도를 제거하면서 연간 소비자물가 상승률이 2%로 낮아질 때까지 무기한으로 통화를 공급할 수 있게 하였다. 매입 대상 국채도 장기화하는 한편 위험자산까지로 매입을 확대했다. 이를 위해 일본은행은 40년 만기 국채를 포함해 모든 종류의 국채를 매입 대상으로 확대하는 한편, 주식과 부동산 관련 위험자산 매입도 늘렸다. 국채 매입 방식 또한 자산 매입기금을 따로 설정해 이를 통해 매입하는 간접 방식이 아닌 일본은행이 직접 국채를 매입하는 일반 방식으로 일원화했다.

아베노믹스는 시행 즉시 상당한 효과를 나타내었다. 엔/달러 환율이 2012년 9월 13일 1달러당 77.49엔이었으나 총리가 된 2012년 12월 16일 83.70엔, 2013년 1월 들어서는 90엔을 웃돌기 시작했다. 더욱이 G20 재무장관 회의가 개최된 2013년 4월 중순을 고비로 마침내 달러당 100엔 선에 이르게 되었다. 그만큼 엔화 가치가 떨어졌다는 의미다. 같은 기간 동안 닛케이(日經, Nikkei) 평균주가도 약 40% 상승하였다.

아베노믹스 시행 이후 일본이 변하기 시작했다. 경쟁력이 회복되고 무엇보다 중요한 것은 오랫동안 잃었던 자신감을 회복하였다는 사실이다. 과거 20여 년 동안 일본은 경제가 나락에 빠지면서 세계 2류 국가그룹으로 밀려나고 있다는 패배의식에 사로잡혀 있었다고 해도 과언이 아니다. 그런데 아베노믹스 이후 확연히 달라졌다. 어쩌면 새로운 희망을 보았다는 것이 가장 큰 성과가 아닌가 생각된다.

그러나 이러한 적지 않은 성과에도 불구하고 아베노믹스에 대한 국내외 비판이 제기되었다. 첫째, 일본 경제의 구조적 문제점에 대한 근본 대책이 없는 단기처방이란 비판이다. 이를테면 그간 일본 장기침체의 원인으로 지적돼 온 인구 고령화와 인구 감소로 인한 내수시장 축소, 기업의 과당 경쟁, 혁신 능력 상실 같은 문제에 대한 대책이 빠져 있다는 것이다.

둘째, 아베노믹스는 그러지 않아도 감당하기 어려운 일본의 국가 부채 규모를 더욱 늘릴 가능성이 크다는 점이다. 아베노믹스에는 재정지출 확대 계획만 있었지 세수 증대 계획은 없었기 때문이다. 아베 총리는 취임 후 10년간 200조 엔의 토목공사를 공언하였는데 정작 재정 확보를 위한 소비세 인상에는 소극적이었다.

셋째, 과도한 엔저의 지속은 장기적인 관점에서는 오히려 일본 경제에 마이너스로 작용할 가능성이 있다는 우려이다. 이는 일본 제조업체들이 장기간 지속된 엔고로 생산 기반을 아시아 등 해외로 이전해 버린 관계로 엔저가 가져올 이득이 크게 떨어졌기 때문이다. 일본 제조업의 해외 생산 비율은 1990년 6.0%에서 2010년 18.1%로 높아졌고 2020년 24%로 늘었다. 그리고 엔저로 수혜가 기대되는 제조업의 비중은 1990년 26%에서 2020년 20.5%로 떨어졌다. 반면, 엔화 가치가 급격하게 떨어지면서 휘발유 등 수입 물품 가격이 크게 올라 소비자 부담이 가중되었다.

아베노믹스의 정책 기조는 현재의 기시다(岸田文雄) 내각에서도 이어지고 있다. 2022년부터 전 세계는 41년 만의 인플레이션 타개를 위해 초고속으로 금리를 올렸지만 일본은 마이너스 금리를 고수했다. 양적 완화 시책도 지속하고 있다. 2023년 4월 취임한 우에다 가즈오(植田和男) 일본은행 신임 총재는 기존의 대규모 금융 완화 정책을 유지하겠다고 밝혔다. 이에 엔화 약세 현상이 이어지고 있다.

그 결과 일본 경제는 2023년에 들어서면서 뚜렷한 회복 조짐을 나타내고 있다. 2023년 1분기 경제 성장률이 전분기 대비 0.7%, 연간으로 환산하면 2.7%에 달했다. 익숙해져 있던 제로성장에서 탈출하게 된 것이다. 닛케이지수는 3만 3천을 넘어서며 33년 만에 최고치를 나타내고 있다. 1990년대 이후 줄곧 1% 안팎에 머물던 소비자물가 상승률도 3~4%대에 달한다. 아베노믹스가 드디어 결실을 보고 있다는 낙관론이 나온다.

그러나 아직 낙관하기는 이르다는 게 다수 전문가의 지적이다. 가장 큰 외견상의 문제는 국가 부채가 너무 많다는 점이다. GDP 대비 국가 부채 비율이 264%로 선진국 중 가장 높다. 경기 부양을 위해 재정 지출을 늘리는 과정에서 국채 발행량이 증가한 데 기인한다. 그 결과 금리 인상이 어려운 등 통화정책 운신의 폭이 크게 줄어들었다.

지속되는 엔저 현상도 꼭 바람직하지만은 않다. 미국과의 금리 격차로 엔화는 달러당 140엔을 웃돌고 있다. 그러나 이러한 엔저에도 불구하고 2023년 1분기 수출은 4.2% 감소했다. 더욱이 통화 가치란 한 나라의 기초 체력 즉 펀더멘탈(fundamental)을 반영한다는 점을 감안할 때, 통화 약세는 그만큼 국력이 약화되었다는 의미이기도 하다. 사실 일본의 1인당 국민총소득(GNI)은 이미 대만에 밀린 상태이다. 국내총생산(GDP) 규모가 아직은 미국과 중국에 이어 3위를 유지하고 있지만 그마저도 독일의 추격으로 위태로운 실정이다.

이러한 외형상의 문제보다 더 치명적인 것은 아직도 여전히 구조적인 문제에서 벗어나지 못하고 있다는 점이다. 2022년 UN 글로벌 혁신지수에서 일본은 13위에 그쳤다. 도전과 변화보다는 체제에 순응하는 데 익숙하다는 것을 의미하는 대목이다. 그리고 세계 1위의 고령화지수에서 엿볼 수 있는 것처럼 경제 사회의 활력과 역동성이 크게 약화되고 있다. 그러기에 일본의 장밋빛 미래 청사진에 대해서는 여전히 의문의 부호가 남아있다.

금과 암호화폐의 약진

금과 달러의 관계

금은 참으로 신기한 금속이다. 수 천 년이 지나도 그 빛깔이나 중량이 변하지 않는 완전한 금속이며 목걸이나 반지로 가공되어 사람의 피부에 직접 닿아도 전혀 유해하지 않다. 여기에 뭔가 욕망을 자극하는 번쩍임과 묵직한 중량을 지니고 있기 때문인지 금은 옛날이나 지금이나 인간이 가장 지니고자 하는 욕망의 대상물이다. 그리고 일찍부터 화폐 대용으로 활용되어 왔다.

대표적인 예가 금본위제도이다. '금본위제도(Gold Standard)'는 통화의 가치를 금의 가치와 연계시키는 화폐제도이다. 이는 19세기 영국에서 시작되었다. 금본위제도에서는 언제든지 화폐를 금과 맞바꿀 수 있었다. 화폐의 발행 규모도 금 보유량에 연동되었다. 환율 역시 금에 연동되어 있었다.

이처럼 금의 가치에 연동되어 안정적인 모습을 보이던 금본위제도는 2차례의 세계대전을 거치면서 크게 흔들렸다. 전쟁에 필요한 돈을 충당하기 위해 참전국들이 돈을 마구 찍어냈기 때문이다. 자신들이 금을 얼마나 가졌는지는 중요하지 않았다. 그 결과 돈의 가치는 엉망이 되었고 세계 경제 질서를 회복시키기 위한 새로운 제도가 필요해졌다.

이에 제2차 세계대전 이후 세계 경제를 이끌어가게 된 미국은 금본위제와 유사한 국제통화체제인 브레턴우즈체제(Bretton Woods system)를 출범시키게 된다. 이 체제에서도 금은 계속 국제통화인 달러·파운드 등과 함께 국제 결제를 원활히 하기 위한 중요한 화폐의 하나였다. 이 체제에서 미국은 국제 금 가격을 1934년의 「금준비법」에 따라 정한 가격인 금 1트로이온스당 35달러를 그대로 유지하였다. 금 1트로이 온스(Troy Ounce. ozt)는 31.1034768g, 1돈은 3.75g에 해당한다.

그러나 미국의 만성적 국제수지 적자와 금의 유출 때문에 1968년에는 금의 공정평가 시세는 그대로 두고, 민간시장의 금 가격은 자유시세에 맡기는 제도인 이중(二重) 가격제도를 채택했다. 또한, 공정가격도 1971년 말 1트로이온스당 38달러, 1973년 2월에는 42.23달러로 인상하였다. 이러한 조치에도 불구하고 자유 시세는 여전히 공정가격보다 상당히 웃돌았다.

이에 따라 1976년 1월 마침내 금의 공정가격을 폐지하도록 결정하였다. 이후 국제 금 가격은 런던 LBMA(London Bullion Market Association) 고시가격을 가장 표준적인 시세로 사용하고 있다. 런던 금

시장은 세계에서 가장 거래량이 많은 시장이다. 1684년 개장된 이래 300년 이상 금을 거래해 온 역사 덕분에 이곳에서 결정된 가격이 곧 국제시세인 셈이다.

런던시장에서의 금 가격은 달러 불안 등으로 지속적인 상승 추세를 보이며 1979년에는 한때 1,800달러를 넘은 일도 있었다. 그러나 달러 강세 시기인 1981년에는 300~350달러 선까지 떨어졌으며, 1995년 도에도 380~390달러 선을 유지하였다. 이후 글로벌 금융위기가 발생한 2008년부터는 금 가격이 상승하여 2011년 8월 금 가격은 온스당 1,900달러를 기록하였다.

이처럼 브레턴우즈체제에서는 달러 가치가 금에 의해 보장되어 달러와 국제 금값이 같은 방향으로 움직였다. 따라서 금은 달러와 보완관계로 가장 안전한 자산 역할을 담당하였다. 그러나 브레턴우즈체제가 붕괴하여 환율이 시장에서 결정되고 달러를 더이상 금으로 바꾸어 주는 금태환제도가 시행되지 않자 달러와 금은 대체관계로 변화하게 되었다. 즉, 달러가 강세를 보이면 금값은 하락하고 달러가 약세를 보이면 국제 금값이 상승하는 추세를 보여 왔다.

금 시세 자유화 이후 국제 금 가격은 1979년에는 1온스당 1,800달러를 넘은 일도 있었다. 그러나 미국 경제가 살아나면서 달러가 강세를 보이던 1981~2000년 기간에는 300~400달러 선을 유지하다가 2001년 2월에는 255달러로 사상 최저치를 기록하기도 했다. 2001년 닷컴버블(dot-com bubble) 붕괴로 인한 달러 약세 시기에는 다시 금값이 상승하면서 온스당 900~1,000달러 수준으로 상승하였다.

이러한 대체관계는 특히 2008년 글로벌 금융위기 이후 극명하게 나타나고 있다. 금융위기가 진행되기 전에도 달러는 약세를 보여왔지만 당시의 금값은 온스당 900~1,000달러 수준이었다. 그러다 한창 금융위기가 진행되던 2011년 8월 22일에는 온스당 1,918달러(장중 최고 기준으로 종가는 1,889달러)로까지 치솟았다. 그러나 2015년부터 미국 경제가 점차 회복되고 달러가 강세를 보이기 시작하자 금 시세는 다시 하락하기 시작했다. 특히, 2015년 12월 18일에는 2008년 이후 최저치인 1,050.8달러를 기록했다.

1,200~1,300달러 선에서 등락을 보이던 국제 금 시세는 2019년부터는 다시 가파른 상승세를 나타내고 있다. 코로나 사태(COVID-19), 금

국제 금 시세 추이

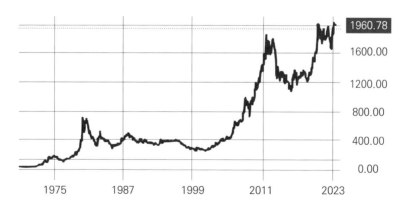

(달러/온스)

1960.78

융불안 사태와 경기 침체에 대한 우려가 겹치면서 안전자산인 금값이 온스당 2,000달러를 돌파한 것이다. 특히, 2022년 이후 우크라이나 전쟁, 실리콘밸리은행(SVB, Silicon Valley Bank) 파산 등 금융 불안 사태를 거치면서 2023년 5월 4일(종가기준)에는 1온스당 2,055.7달러까지 치솟았다. 다만, 이후 금융 불안의 진정, 달러화 회복 등으로 지금은 2천 달러대 아래에서 횡보하고 있다.

한편, 국제 금 시세가 상승하는 시기는 통상 3가지 변수에 좌우되고 있다. 금은 이자도 배당도 없기에 달러 가치가 떨어지거나 채권 수익률이 하락할 때 오를 수 있는 여건이 조성된다. 또 위험(Risk) 회피 성향이 커질 때 금은 가치를 저장할 수 있는 최고의 수단으로 인기가 상승한다. 앞으로의 금 시세도 이처럼 달러화 시세에 맞물려 등락을 보일 것으로 예견된다.

이처럼 금은 달러와 대체관계를 보이며 통화의 기능을 한다. 그러나 보유량이 한정되어 커가는 경제를 원활히 뒷받침하기는 어려운 한계가 있다. 브레턴우즈체제 당시와 비교할 때 세계 금 보유량은 크게 변하지 않았으나 경제 규모는 10배 이상 커졌다. 즉 세계 GDP 규모가 1980년에는 약 15조 달러였으나 2022년에는 105조 달러를 기록했다.

한편, 세계금위원회(World Gold Council)에 따르면 2023년 3월 기준, 세계 전체의 금 보유량은 약 208,874톤(t, ton)에 달했다. 이 중 보석 등

귀금속이 95,547t으로 전체의 46%를 차지해 가장 많았다. 다음이 골드바와 코인이 46,517t으로 22%의 비중을 차지하였다. 그 다음이 중앙은행이 외환 보유고로 보유하는 물량인 35,715t으, 비중은 17%에 달했다. 그리고 향후 전 세계가 추가로 확보 가능한 전체 금의 물량은 52,000t인 것으로 알려졌다.

Total above-ground stocks (end-2022): 208,874 tonnes
Jewellery ~95,547t, 46%
Bars and coins (including gold backed ETFs) ~46,517t, 22%
Central banks ~35,715t, 17%
Other ~31,096t, 15%
Proven reserves ~52,000t

우리나라의 외환 보유고는 세계 9위 수준이지만 중앙은행의 금 보유량은 38위에 그치고 있다. 최근 안전자산 선호 분위기 속에 각국 중앙은행이 금 보유량을 늘리고 있지만 한국은행은 외환 보유고 유동성 확보를 우선시해 10년간 금을 매입하지 않고 있어서다.

세계금위원회에 따르면 2023년 3월 기준 한국은행이 보유한 금은 104.4t으로 세계 중앙은행 중 38위를 기록했다. 우리나라의 금 보유량은 터키(541.8t), 대만(423.6t), 태국(244.2t), 알제리(173.6t), 필리핀(157.1t), 이라크(130.3t), 이집트(125.3t), 리비아(116.6t) 보다도 적었다.

금을 많이 보유한 나라는 단연 미국이다. 이어 독일, 이탈리아, 프랑스 등 유럽 국가들이 많이 보유한 것으로 나타나 있다. 이들은 외환 보유고에서 금이 차지하는 비중도 큰 편이다. 반면 우리나라, 일본, 중국 등 아시아 국가들은 금 보유량 자체뿐만 아니라 외환 보유고에서 금이 차지하는 비중도 매우 낮은 편이다.

세계 중앙은행 금 보유량 순위를 살펴보면 미국이 8,133.5t으로 가장 많았고, 독일(3,354.9t)과 이탈리아(2,451.8t), 프랑스(2,436.8t), 러시아(2,326.5t), 중국(2,076.5t), 스위스(1,040.1t), 일본(846.0t), 인도(794.6t), 네덜란드(612.5t) 등이 상위 10위 안에 들었다. 상위 5개국이 전 세계 중앙은행 금 보유량 35,715t의 절반 이상을 차지하고 있는 셈이다.

우리나라는 전체 외환 보유고에서 금 보유액이 차지하는 비중 역시 1.6%에 불과했다. 한국은행은 지난 2011~2013년 금을 90t 매입한 후 10년간 현재의 보유량인 104.4t 수준을 유지하고 있다. 마지막 금 매입은 2013년 2월 20t을 매입한 것이다. 한국은행에 의하면 당시의 금 매입은 미 달러화에 대한 지나친 편중에 따른 부작용을 고려해 다변화 차원에서 이뤄졌다고 한다. 그러나 이후 추가로 금 매입에 나서지 않으면서 보유 비중은 낮은 상태다.

한국은행이 이처럼 금 보유량을 늘리지 않는 데는 나름대로 이유가 있다고 한다. 첫째, 금 보유량을 확대할 당시에는 외환 보유고 규모가 증가 추세였고 금 보유량 자체도 부족하다고 판단해 금을 매입했다. 그러나 지금은 외환 보유고 규모가 정체돼 있고 투자 다변화가 이뤄져 있어 금을 매입할 이유가 줄었다는 점을 들고 있다.

금 보유 상위국가

순위	국가	보유량(톤)	금/외환 보유고 (%)
1	미국	8,133.5	68.8
2	독일	3,354.9	68.2
3	IMF	2,814.0	–
4	이탈리아	2,451.8	65.4
5	프랑스	2,436.8	67.0
6	러시아	2,326.5	24.9
7	중국	2,076.5	3.9
8	스위스	1,040.1	7.4
9	일본	846.0	4.3
10	인도	794.6	8.5
11	네덜란드	612.5	57.7
38	한국	104.4	1.6

* 자료 : 세계금위원회(2023년 3월 말 기준)

둘째, 지금처럼 금융시장이 불안한 상황에서는 금 보유보다는 달러화 유동성을 충분히 공급할 수 있는 상태가 더 유리하다는 점이다. 금은 한번 사놓으면 수시로 매매하기가 어렵다. 따라서 위기 시에 손쉽게 팔거나 해서 시장에 달러를 공급하는 역할을 할 수가 없다는 것이다. 셋째, 금이 지닌 상징성을 들고 있다. 금은 외환 보유고 중 최후의 수단이라는 인식이 있다. 이에 금까지 매각해야 할 정도면 시장에서 국가적 위기가 온 것으로 받아들여진다는 것이다.

흥미로운 사실은 11~13kg 무게의 금괴 8,330개로 구성된 우리나라 외환 보유고 금 104.4t을 영국 중앙은행인 영란은행에 위탁해 보관하고 있다는 점이다. 한국은행은 국내와 미국 뉴욕 연방은행, UBS 등에 나눠 보관하였던 금을 지난 1990년 영란은행으로 모두 이전했다. 글로벌 금 시장의 중심이 런던시장이기 때문에 금 거래나 달러화 환전 등이 원활하다는 이유에서다. 또 금 대여를 통한 추가 수익을 창출할 수 있는 것도 영란은행 이전의 이유로 꼽힌다. 뉴욕 연방준비은행은 영란은행보다 더 많은 금을 보유한 기관이지만 대여사업보다 보관 서비스에 중점을 두고 있기 때문이다.

한국은행은 보유 중인 금 104.4t 전량을 맡겨둔 영란은행을 지난 2023년 6월 처음으로 방문해 실사했다. 이로 인해 영란은행 측이 보안을 이유로 33년간 실물 확인을 거부해왔던 금을 두 눈으로 처음 확인한 셈이 됐다.

우리나라와는 달리 최근 여러 국가의 중앙은행들은 금 매입을 늘리는 추세다. 특히, 탈달러(de-dollarization)의 선봉에 선 중국의 행보가 예사롭지 않다. 중국은 2022년 11월부터 2023년 4월까지 6개월 연속 금 보유량을 늘렸다. 이 기간 확보한 양만 128.15t에 달했으며 보유 중인 금 가치 역시 1,323억 5,300만 달러로 늘어났다. 2022년 말 대비 151억 1,800만 달러가 증가한 것이다. 이처럼 금 보유량을 늘리면서 전체 외환 보유고 중 금 비중은 3.9%까지 늘어났다. 다만, 미국 등 선진국의 보유자산 대비 금 비중이 50% 이상, 신흥 경제국들도 10%

이상에 달하는 것과 비교하면 여전히 작은 편이다.

최근의 중국의 금 사재기에는 3가지 요인이 있는 것으로 풀이된다. 첫째, 글로벌 금융시장 변동성이 커진 상황에서 금 보유량을 늘림으로써 보유자산의 변동 폭을 효과적으로 축소한다. 둘째, 국제 정세 변화 속 보유자산을 다원화함으로써 외환 보유고를 보호한다. 셋째, 외환 보유고가 늘어난 만큼 금 비중을 합리적인 수준으로 유지하기 위한 데 있다. 중국은 앞으로도 금융 안보와 보유자산 다원화 등의 필요성을 고려할 때 금 보유량을 추가로 더 늘릴 것으로 예견된다.

2* 암호화폐의 탄생과 성장

근대 자본주의 성립 이후 국가는 중앙은행에 의한 화폐의 독점 발행과 관리를 통해 시장의 균형을 유지해왔다. 적절한 통화정책을 통해 금리를 조절하고 때로는 외환시장에 개입하면서 시장이 정상적으로 작동될 수 있도록 강력한 중재자 역할을 해왔다.

세계화가 진전됨에 따라 경제활동은 이제 국경을 넘어 전 세계적으로 이루어지고 글로벌 기업들도 계속 등장하고 있다. 그런데 이런 국제간의 경제활동을 뒷받침하는 화폐는 여전히 자국의 법정화폐(fiat money)와 중앙은행이 용인하는 거래 상대국의 법정화폐뿐이다. 단지 미국의 달러화가 기축통화로써 국제통화 역할을 할 따름이다.

'가상화폐(virtual currency)'는 이런 근대적 개념의 화폐시스템을 부정하고 새로 등장한 화폐다. 가상화폐의 가장 중요한 특성은 발행 주체가 없다는 것이다. 법정화폐란 특정국가의 발권력에 의거 발행되며 최종적으로 그 국가에서 책임지고 보증한다. 그러나 가상화폐는 이런 발행 주체가 없다. 따라서 책임질 기관도 없고 관리하는 주체도 없다. 유일한 주체는 거래하는 당사자들이다. 이 거래 당사자들이 많아지면 화폐로서 인정받을 수 있지만 그렇지 못하면 조용히 사라질 수도 있다. 또 발행 주체가 없다는 이야기는 누구라도 만들어 유통할 수 있다는 말이기도 하다.

'암호화폐(crypto currency)'란 보안을 위해 암호를 사용하여 새로운 코인을 생성하고 거래내역을 검증하는 가상화폐의 한 종류이다. 이에는 2009년에 개발된 비트코인(Bitcoin, BTC)을 선두로 이더리움(Ethereum, ETH), 테드(Tether). 라이트코인(Litecoin) 등 2만 6천여 종류가 존재한다. 암호화폐 투자자들 사이에서는 이들을 그냥 코인(coin)으로 부르는 경우가 많다. 또 실물화폐와는 달리 실체가 없다고 해서 '가상화폐', '가상통화'라는 명칭을 사용했다. 그러나 2019년 2월 자금세탁방지기구(FATF)에서 '가상자산(Virtual Assets)'으로 통일하면서 우리 정부도 바꾸어 가는 중이다.

실질적인 첫 번째 암호화폐는 2009년 사토시 나카모토(Satoshi Nakamoto)라는 필명을 사용하는 사람에 의해 개발된 '비트코인'이다. 비트코인은 오픈소스로 모든 프로그램 코드가 공개되어 있다. '오픈소스(open source)'란 소프트웨어 혹은 하드웨어 제작자의 권리를 지키면서 원시 코드를 누구나 열람할 수 있도록 한 소프트웨어를 말한다. 이 때문에 단순히 이름만 바꾼 아류 화폐부터 비트코인이 가지고 있는 근본적인 문제점을 해결한 화폐에 이르기까지 수많은 암호화폐를 만들어내는 데 이바지하였다.

한편, 비트코인을 제외한 나머지 암호화폐를 통상 '알트코인 (Alternative Coin)'이라고 부른다. 비트코인에서 분할되어 나온 비트코인 캐시(BCH)와 비트코인 골드(BTG) 또한 알트코인의 한 종류이다. 알트코인이 암호화폐 시장에서 차지하는 비중은 갈수록 커지고 있다. 비트코인의 가상통화 시장 점유율은 초기 90% 이상에서 지금은 50% 수준 이하로 떨어진 상태이다. 그만큼 알트코인이 활성화되고 있다는 뜻이다. 특히 알트코인의 대표 주자인 이더리움의 성장이 눈부셔 20% 가까운 시장 점유율을 보이면서 비트코인을 추격하고 있다.

암호화폐가 지닌 일반적 특성은 다음과 같다. 우선, 무엇보다도 암호화 방식을 취하고 있다는 점이다. 암호란 비밀을 유지하기 위하여 당사자끼리만 알 수 있도록 꾸민 기호를 말한다. 그리고 암호화란 메시지의 내용을 제3자가 추론할 수 없도록 특정 알고리즘을 통해 변형시키는 것을 뜻한다. 예를 들어 비트코인은 SHA-256 방식의 알고리즘을 채택하고 있다. 암호화폐의 취득은 이 암호를 해독하면서 이루어지는데, 이에는 고난도의 기술이 필요하다. 한마디로 어려운 수학 문제를 컴퓨터로 풀어가는 과정이다. 이를 전문용어로 '해싱(hashing)'이라고 한다.

둘째, 중앙은행이 무제한 찍어낼 수 있는 법정화폐와 달리 발행량이 제한되어 있다는 것이다. 미국이 '양적완화'로 달러를 계속 풀면서 기존 화폐에 대한 불신이 암호화폐 인기의 한 배경이 되고 있다. 가령 2009년부터 나오기 시작한 비트코인의 경우 총 공급물량은 2,100만 개로 제한되어 있다. 2023년 기준 전체 물량의 90%인 약 1,900만 비트코인이 채굴되었다.

물론 약 20%의 시장 점유율을 지닌 상장 시가총액 2위의 이더리움처럼 총 공급물량의 제한이 없는 것들도 있다. 그러나 이더리움도 관할하는 재단에서 해마다 공급물량을 관리하고 있으며 더욱이 2022년 9월 합의 알고리즘(consensus algorithm)을 기존 작업증명(PoW, Proof of Work) 방식에서 지분증명(PoS, Proof-of-Stake) 방식으로 변경하였다. 지분증명이란 해당 암호화폐를 보유하고 있는 지분율에 비례하여 의사결정 권한을 주는 합의 알고리즘이다. 이에 더 이상의 채굴이 불가능하게 되면서 공급물량은 한층 더 제약을 받게 되었다.

셋째, 암호화폐는 통화를 발행하고 관리하는 중앙장치가 존재하지 않으며 참여하는 사용자들이 주체적으로 화폐를 발행하고 이체 내역을 관리하게 된다. 따라서 책임질 기관도 없고 관리하는 주체도 없다. 유일한 주체는 거래하는 당사자들이다. 이 거래 당사자들이 많아지면 화폐로서 인정받을 수 있지만 그렇지 못하면 조용히 사라질 수도 있다. 또 발행 주체가 없다는 이야기는 누구라도 만들어 유통시킬 수 있다는 말이기도 하다.

이는 암호화폐가 제3자나 금융조직의 개입이 전혀 없는 개인 상호 간 P2P(peer-to-peer) 네트워크(network)의 분산처리 방식을 취하고 있기에 가능하다. 법정화폐나 기존의 전자화폐는 금융조직이나 발행기관의 개입으로 이중사용 방지라든지, 조작 방지, 가치 조절 등의 조치가 취해지고 있다. 그러나 암호화폐는 이러한 개입이나 조작이 존재하지 않고 개인과 개인이 직접 거래하는 시스템을 취하고 있기에 가치도 순전히 거래자의 의사에 의해 결정된다. 다시 말해 비트코인과 같은 암호화폐는 P2P를 기반으로 거래가 이루어지며 거래 시 이중지불을 막고 거래 내역을 저장하는 '블록체인(block chain)' 기술을 사용한다.

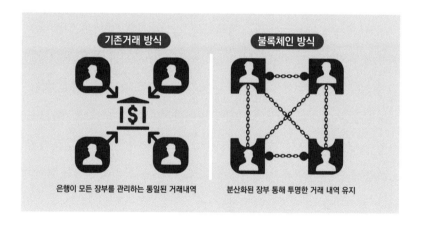

넷째, 암호화폐는 국가마다 다른 화폐를 사용하는 기존 화폐시스템과는 달리 글로벌화폐의 성격을 지닌다. 또 제3자나 금융조직의 개입이 없기에 거래가 간편하다는 장점이 있다. 예를 들어 비트코인 블록은 내 PC에 보관하는 것이 아니기에 전 세계 어디에서든지 컴퓨터에 연결해 인터넷 공간에 저장된 정보인 비트코인을 거래할 수 있다.

　이처럼 글로벌화폐이고 각국 정부나 중앙기관의 통제를 받지 않고 거래가 이루어진다는 점에 대해 인터넷기업은 환영하고 있지만 각국 정부와 중앙은행은 우려를 표하고 있다. 특히 각종 거래에 대해 세금을 제대로 매길 수 없다는 점은 각국 정부 개입의 정당성을 키워주는 역할을 하고 있다. 아울러 글로벌화폐라는 점에서 기존의 달러를 대체해 새로운 기축통화로 부상할 가능성도 열려 있다.

　다섯째, 익명성이 보장된다는 점도 암호화폐의 중요한 특성 중의 하나다. 암호화폐를 얻으려면 우선 전자지갑(wallet)을 인터넷상에서 개설해야 하는데, 개설 과정에 거래자의 개인정보를 제시하지 않는다. 또 암호화폐를 주고받는 거래는 단지 거래자가 생성한 주소(address)를 통해 이루어지기에 예금주에 대한 익명성이 보장된다. 즉 암호화폐는 개념적으로 주소 대 주소로 거래가 일어나는 것이지 개인 대 개인으로 거래가 발생하는 것은 아니다. 또 주소를 알게 되더라도 실제로 암호화폐에 접근하기 위해서는 비공개키(private key) 즉 비밀번호가 있어야 한다.

　이처럼 편리성과 익명성, 투자 가치 등을 가지고 있는 암호화폐는 여태껏 존재하는 다른 어떤 가상화폐나 대안화폐보다 훨씬 우월한 효용과 지위를 지니고 있다. 이에 따라 암호화폐는 폭발적으로 성장하게 되었고 전 세계의 수많은 다양한 채널을 통해 사용되기 시작했다.

암호화폐의 장단점

장점	단점
거래의 투명성/수신 및 발신 계좌, 이체 내역과 기록, 지갑 잔액 등 모두 조회 가능	인식 부재/아직 화폐로서 대중에게 인식되지 않고 있어 생태계 확장에 어려움
익명성/거래의 생성과 이용 시 신원증명 절차가 없어 익명으로 거래 가능	가치 변동성/정부의 뒷받침 없이 사용자들의 신뢰에 의존함에 따라 일시에 존재가 사라질 가능성
전 세계 24시간 이체 가능/P2P 네트워크 활용으로 전 세계 언제 어디서나 이체 가능, 이체 수수료도 낮음	해킹/암호화폐 자체는 해킹이 어렵지만, 이를 이용한 서비스는 익명성으로 해킹의 주 대상이 됨
보안성/블록체인 기술 덕분에 이체 내역의 변조가 불가능	관리의 어려움/비밀번호 또는 개인 key를 분실하면 복구할 수 없음

　암호화폐 시장은 2017년 들어 급속히 팽창하였다. 암호화폐 상장 시가총액의 규모는 2016년 초 71억 달러에 불과했고 2017년 초에도 177억 달러였으나 2017년 말에는 6,100억 달러에 이르게 되었다. 불과 2년 사이에 시장 규모가 80배 이상 커진 것이다.

　이후에도 성장세를 지속하여 2021년 11월에는 사상 최고치인 약 3조 달러를 기록하였다. 이는 일본의 GDP가 약 5조 달러, 독일 4.2조 달러, 한국 1.7조 달러와 비교할 때 그 규모가 얼마나 큰지를 가늠할 수 있다. 그러나 이후 커다란 변동성을 보여 2022년 6월 13일부터는 1조 달러 이하를 밑돌기 시작했다. 6월 19일에는 8,189억 달러로까지 떨어졌으나 이후 다시 오르기 시작해 2023년 6월 말 기준 1조 1,940억 달러를 보였다.

3* 암호화폐의 기축통화 가능성과 미래

암호화폐는 2009년 세상에 선을 보인 이후 10여 년 만에 빠른 속도로 인기를 얻었다. 이는 암호화폐가 기존 법정화폐(fiat money)가 지닌 인플레 우려, 휴대의 불편성, 적지 않은 환전 수수료 등의 한계를 해소해 주는 측면이 있기 때문이다. 여기에 투자 가치와 장래 발전 가능성 또한 큰 편이다. 이런 이유로 암호화폐가 한창 인기를 끌 무렵인 2010년대 중후반에는 금이나 달러를 대체하는 기축통화가 될 것이라는 기대를 모으기도 했다. 특히, 대장 격인 비트코인에 대해서는 '디지털 골드(digital gold)'라고 부르기도 했다.

여러 종류의 암호화폐가 있지만 현재 가장 많이 거래되는 '비트코인(Bitcoin, BTC)'의 총 발행량은 2,100만 비트코인이다. 그 이상은 발행될 수 없다. 비트코인은 컴퓨터로 수학 문제를 풀면 받을 수 있다. 푼 사람에게는 50 BTC(비트코인)가 주어지는데 이를 '채굴(mine)'이라 표현한다. 금을 캐는 데 장비와 노동력이 필요하듯 수학 문제를 풀기 위해서는 고성능의 컴퓨터와 두뇌 능력이 필요하다. 시간이 지날수록 금을 캐기 어려운 것처럼 수학 문제의 난이도도 점점 어려워져 비트코인을 얻기는 점점 힘들어지고 있는 셈이다. 지금까지의 채굴량은 대략 1,900만 비트코인으로 알려져 있다.

비트코인이 탄생하고 각광을 받게 된 배경은 2008년 글로벌 금융위기이었다. 즉, 금융위기를 겪으면서 정부나 거대한 은행도 무너질 수 있다는 불안감에서 시작된 것이다. 당시 견고하다고 믿었던 미국 달러화에 대한 불신이 확산되었고 더욱이 미국 정부는 이 금융위기를 막기 위해 달러를 마구 찍어내는 상황이었다.

이런 불안감을 배경으로 태어난 비트코인은 여러 가지 장점으로 인해 차세대 통화로 기대를 받았다. 우선 전체 규모가 일정하기에 일반적인 화폐와 달리 인플레이션에 대한 우려가 없기 때문이다. 특히, 금융시장 불확실성이 확대될 때마다 암호화폐 가격은 크게 상승하는 경향을 보여 왔다. 또 은행을 통하는 것이 아니기에 거래 시 수수료가 저렴하고 세계 어느 나라에서나 사용할 수 있다. 그리고 국가와 같은 중앙통제기관이 발행하는 것이 아니어서 거래가 자유롭다는 점도 장점으로 꼽힌다. 비트코인 이외의 다른 암호화폐들도 이와 유사한 성격을 지니고 있다.

이러한 장점으로 인해 암호화폐에 대한 수요가 빠른 속도로 늘어나고 있다. 그러나 암호화폐가 기존 법정통화를 대체할 것인지에 대한 의구심은 물론이고 암호화폐의 생존 문제에 대해서도 우려가 없지 않다. 이에는 여러 가지 요인이 있다. 우선 아직도 사용에 여러 가지 불편이 따르고 있기 때문이다. 얼마 안 되는 결제업소, 거래소마다 다른 환율, 긴 결제 시간 등이 문제점으로 지적되고 있다. 여기에 널리 사용되지 않는 관계로 거래 수수료가 높으며 화폐의 가치 변동이 심하여 더 널리 쓰이기 힘들다는 악순환이 존재한다.

또 익명성이라는 특성으로 인해 비자금 축적, 돈 세탁, 무기 거래, 마약 구입 등 불법적인 행위에 악용될 소지도 있다. 그리고 역설적이지만 국가기관 등의 통제를 받지 않아서 존립이 불투명하다는 문제점이 있다. 만약 유통에 문제가 발생하면 하루 아침에 그 존재가 사라질 수도 있다. 이런 인식을 바탕으로 국제 사회에서는 암호화폐에 대한 규제를 강화해 나가고 있다.

심지어 암호화폐는 화폐의 기능을 하지 못한다는 주장도 있다. 화폐는 상품이나 서비스 교환의 매개 기능을 하거나 가치를 저장하는 등의 기본적인 기능을 지녀야 하는데 암호화폐는 이런 기능을 제대로 못하고 있다는 것이다. 이는 아직은 암호화폐가 거래에 상대적으로 높은 수수료가 부과되고 시간 소요도 많이 되고 있어 상품이나 서비스의 매개 수단이란 점에서 열악하다는 점에 기인한다. 또 가격의 급격한 변동성을 감안할 때 가치 저장의 수단으로서도 불안정하다는 것이다.

그러면 앞으로 암호화폐가 법정통화로 인정받고 나아가 기존의 법정화폐를 대체하기 위해서는 어떤 난관을 헤쳐 나가야 할까?

첫째, 무엇보다 가장 큰 난관은 가격 변동성 완화 등을 통해 안정적 통화로 인식되도록 하는 신뢰성 확보 문제이다. 아직도 암호화폐의 대표 격인 비트코인도 급격한 가치 등락의 위험성이 존재한다. 암호화폐 가치가 본격적으로 상승하기 시작한 2017년 중에만 비트코인 가격은 20% 이상 급등락하는 현상이 5~6차례에 걸쳐 벌어졌다. 또 비트코인은 분산화된 시스템을 장점으로 내세우고 있지만 중국계 마이닝 풀(mining pool)의 채굴량이 세계 전체의 80% 이상에 달하는 등 채굴과 거래를 특정 국가와 집단이 독과점하고 있는 것도 걸림돌이 된다.

암호화폐의 대장주인 비트코인은 2011년 초 개당 1달러에 불과하였다. 그러나 2021년 11월에는 최고점인 6만 9천 달러를 찍었다. 이후 2022년 5월 '테라-루나' 사태 이후 혹한기를 맞으면서 2022년 말

비트코인 가격 추이

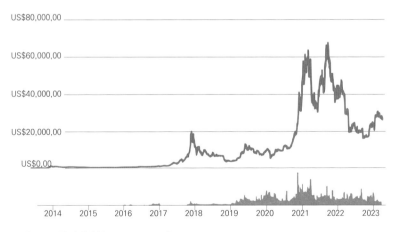

* 자료 : 코인마켓캡(Coinmarketcap)

에는 1만 6천 달러 이하를 기록하였다. 그러나 2023년 3월에 발생한 실리콘밸리은행(SVB, SiliconValleyBank) 파산 사태 이후 미국이 주도하는 글로벌 은행 시스템에 대한 불안감으로 다시 상승하여 2023년 6월에는 개당 3만 달러 선에서 등락을 보이고 있다.

한편, 기존 암호화폐 최대의 문제점인 가격 변동성을 줄이겠다는 목적에서 새로운 형태의 암호화폐가 탄생하게 된다. 바로 스테이블코인이다. '스테이블코인(stablecoin)'은 미국 달러 등 법정화폐나 혹은 기존 암호화폐와 1대 1로 가치를 고정(pegging)하여 가격 변동성을 최소화하도록 설계된 암호화폐다. 보통 1코인이 1달러의 가치를 지니도록 설계된다.

암호화폐의 특성상 금액이 오르고 내리는 변동 폭이 크다는 점을 보완하기 위해 만들어졌기에 총 암호화폐 시장 거래량의 70~90%를 차지할 정도로 커다란 인기를 끌고 있다. 테더(Tether, USDT)코인이 대표적인 스테이블코인이고, 이 외에도 HUSD, PAX, GUSD, USDC 등의 다양한 스테이블코인이 발행됐다. 다른 암호화폐와 달리 변동성이 낮아 탈중앙화 금융인 '디파이(DeFi, Decentralized Finance)' 같은 암호화폐와 블록체인 기반 금융상품에도 많이 이용된다.

스테이블코인은 세 가지 종류로 나눌 수 있다.
첫째, 법정화폐 담보 스테이블코인(fiat-collateraliteralized stablecoins)이다. 이는 법정화폐와 1대1 관계로 유지되는 암호화폐이다. 가장 대표적인 스테이블코인으로 꼽히는 테더(Tether, USDT)의 경우 테더 토큰 1개의 가치를 미국 달러 1달러로 고정하여 코인을 발행하고 있다. 즉 테더는 달러를 예치하면 그에 해당하는 가치만큼 USDT를 발행하게 된다.

이 시스템의 경우 가격은 비교적 안정적으로 유지할 수 있지만 다른 비용이 든다. 즉, 테더 공급량을 감당할 수 있을 만큼 많은 달러를 별 도로 비축해 두고 있어야 한다. 이로 인해 네트워크를 운영하는데 들 어가는 비용 문제가 발생할 수 있다. 또 테더 공급량에 대응해 그 금액 에 해당하는 달러를 실제로 비축해 놓은 것이 맞는지 외부 감사를 해 야 하는 등 추가로 밟아야 할 절차도 늘어난다.

둘째, 암호화폐 담보 스테이블코인(crypto-collateralized stablecoins) 이다. 이는 법정화폐에 그 가치를 연동하는 대신, 일정량의 암호화폐 를 담보로 맡긴 뒤 고정된 비율에 따라 담보물에 해당하는 스테이블코 인을 빌려 쓰는 것이다. 실제로 이 절차를 운영하는 구체적인 방식은 시스템마다 다르다. 이더리움을 담보로 하는 Dai가 대표적이며 MIM, LUSD 등이 있다.

셋째, 알고리즘 기반 스테이블코인(algorithm controlled stablecoins)이 다. 이는 수요에 따라 공급량을 계속 조정하는 방식으로 가격을 일정 하게 유지하는 암호화폐이다. 이 모델은 기존의 통화처럼 기능하려고 자산을 담보해두지 않아도 된다는 장점이 있다. 또 담보를 받을 필요가 없으므로 규모를 키우는 데 제약이 없다. 반면에 담보가 없으므로 시스템에 대한 신뢰가 있어야만 스테이블코인이 돌아가게 된다

그러나 스테이블코인도 일반 암호화폐와 마찬가지로 법정화폐와 같은 완전한 안정성이 보장되지 않는다. 수시로 담보대상과의 디페깅(depegging) 현상이 일어나고 있다. 또 관리기관의 부실 운영으로 인한 사용자 피해 발생, 알고리즘의 불투명성과 오작동 등 다양한 문제들이 내재되어 있다. 이에 뱅크런(bankrun)과 같은 코인런(coinrun) 문제가 야기될 수 있다.

이러한 우려는 루나(LUNA)-테라(Terra) 폭락 사건에서 실제로 발생하였다. 이는 2022년 5월 블록체인 기반 기업 '테라폼랩스(Terraform Laps)'에서 발행한 암호화폐 테라(Terra, UST)와 그 가치를 유지하기 위한 자매 코인인 루나(LUNA)가 동시에 대폭락한 사건이다. 당시 양 코인은 1주일 동안 90% 이상 폭락하여 사실상 휴지가 되었다. 이후 미국을 위시한 주요 국가 금융당국자들은 스테이블코인에 대한 규제 필요성을 강하게 주장하고 있다.

신뢰성 확보 다음으로 큰 문제는 보안 이슈이다. 그동안 많은 암호화폐 거래소들이 해킹을 당해 투자자들이 피해를 보는 사건이 발생했으며 지금도 이 문제는 진행 중이다. 다만, 전문가들은 이는 거래소 서버(server)의 안정성 문제이지 블록체인 기술의 문제는 아니라는 견해를 피력하고 있다. 그러나 일반 투자자들은 이러한 사고들로 인해 암

호화폐를 기피할 수 있다. 이와 함께 암호화폐 저장소의 비밀번호를 잊어버리면 영영 돈을 찾을 수 없는 사태가 발생할 우려도 있다. 또 최근에는 실체가 없는 가짜 암호화폐로 투자자들을 모집해 돈을 갈취하는 사기도 기승을 부리고 있어 유의해야 한다.

유동성 증대의 문제도 있다. 암호화폐는 아직도 전 세계 인구의 소수만 사용하고 있기에 유동성 측면에서 통화의 기능을 제대로 수행하지 못하고 있다는 비판을 받고 있다. 또 실시간으로 환율이 변동되기 때문에 결제 시기에 따라 지급금액이 달라진다는 점도 불편함으로 제기되고 있다.

어떤 화폐가 화폐의 기능을 하려면 널리 통용되어야 한다. 그런데 아직까지는 암호화폐가 기존의 법정화폐를 뛰어넘어 널리 통용될 유인이 적다. 비트코인을 받는 상점들이 늘어나고 있기는 하지만 아직은 랜섬웨어(ransomware) 등 불법 해커(hacker), 도박과 마약 거래 등 불법적인 뒷거래를 위한 검은돈 세탁용으로 주로 쓰이고 있다. 더욱이 가치 변동이 심하다 보니 더 널리 쓰이기 힘들다는 악순환이 존재한다.

따라서 경제활동에 참여하는 다수의 시민과 기업이 암호화폐를 일상적으로 사용하려는 어떤 강력한 유인이 만들어지기 전에는 암호화폐의 미래는 불확실하다. 다만, 기존 화폐의 보완재 역할을 할 수 있을 것이라는 견해는 나오고 있다. 해외 송금, 소액 결제서비스 등 기존 화폐를 사용할 때 지불해야 하는 불필요한 비용과 시간을 줄일 수 있는 새로운 지급 수단이 될 수 있다는 것이다.

중앙은행의 규제 이슈도 제기된다. 암호화폐가 법정통화로 인정받고 나아가 기축통화로 발전해 나가려면 기득권자인 중앙은행의 인정을 받아야만 한다. 어쩌면 이것이 현실적으로 가장 큰 난관일 수 있다. 암호화폐의 발전은 중앙은행의 통화정책 수행에 영향을 미치게 된다. 암호화폐의 사용이 늘어날수록 민간의 현금 보유 비율의 감소, 통화승수 증대, 중앙은행의 역할 축소 등 통화정책의 유효성에 악영향을 미칠 우려가 있다.

더구나 암호화폐는 자유로이 국경을 넘나들고 있어 외환관리 면에서도 어려움이 가중될 가능성이 있다. 그리고 국가 간 결제 규모의 급증과 각국 결제시스템 간 상호의존성이 심화됨에 따라 결제 장애와 리스크 확대 등의 문제가 일어날 수 있다. 이런 문제들로 인해 암호화폐는 기득권자인 중앙은행으로부터 거부를 당하고 있다.

더욱이 암호화폐에 대한 규제는 오히려 더 강화되고 있다. 2023년 6월에도 미국 증권거래위원회(SEC, Securities and Exchange Commission)는 바이낸스 및 코인베이스를 「증권법」 위반으로 제소하고, 19개 가상자산을 증권으로 판단하는 등 규제를 대폭 강화하였다. 이에 암호화폐 시장은 급속히 냉각하였다. 바이낸스(Binance)와 코인베이스(Coinbase)는 거래량 기준 전 세계 1, 2위를 차지하는 초대형 가상자산 거래소다.

또 SEC는 카르다노(ADA), 솔라나(SOL), 폴리곤(MATIC) 등 시가총액 규모 10위 내의 코인을 포함한 19개 암호화폐를 유가증권으로 간주하고 증권법을 적용하겠다고 밝혔다. 아울러 암호화폐거래소도 증권거래소나 브로커, 혹은 청산소로 등록함으로써 SEC의 감독을 받아야 한다는 견해도 밝혔다.

이렇게 볼 때 암호화폐는 달러를 대체할 수 있는 새로운 글로벌 통화로써 주목받는 가장 이상적인 화폐이지만 역설적으로 가장 불안한 화폐이기도 하다. 그래서 그 미래를 장담하기란 매우 어렵다. 그럼에도 불구하고 암호화폐가 가져올 시장 혁신, 분권화와 민주화 등은 분명히 제고되어야 할 부분이다. 더욱이 블록체인 기술 발전 가능성은 무궁무진하기에 다가온 인공지능(AI) 시대를 열어나갈 핵심기술로 기대되고 있다.

4 중앙은행 디지털화폐의 기능과 역할

암호화폐를 초기에 확산시킨 장본인은 중국인이다. 중국은 한때 암호화폐 대장주로 불리는 비트코인 채굴 및 거래량의 80% 이상을 차지했다. 지금도 세계 최대 마이닝 풀(mining pool)은 중국계가 장악하고 있다. 그런 중국이 지난 2017년 9월 제19차 공산당 전당대회를 앞두고 갑자기 암호화폐 거래 금지령을 내렸다. 왜 그랬을까? 공식 이유는 암호화폐에 대한 투자 열풍이 과다해 민중들이 피해를 볼 우려가 있다는 것이었다.

그러나 진짜 이유는 다른 데 있었다. 중국 정부는 투기 과열로 인한 투자자 폐해보다도 암호화폐가 지닌 탈중앙화 즉 권력의 중앙집중을 인정하지 않는 속성이 더 두려웠던 것이다. 암호화폐의 기반 기술인 블록체인은 권력과 정보의 분권화를 가능케 만들었다. 기본적으로 사회주의체제의 존립 기반은 중앙정부에 의한 권력 장악이다. 그런데 블록체인 기술과 이를 기반으로 무섭게 확산하는 암호화폐가 권력체제를 위협하는 존재로 떠오른 것이다.

비슷한 이유에서 러시아와 베트남 또한 암호화폐 규제를 강화하였다. 이들은 자금 세탁 문제로 골머리를 앓고 있던 차에 비트코인 거래 자체를 불법이라고 선언했다. 그러나 이들도 암호화폐 자체에 대한 매력은 느꼈던지 기존 암호화폐 대신 중앙정부가 통제 가능한 암호화폐를 만들어 유통할 계획을 지니고 있다. 이는 채굴할 수 없으며 정부 주도로 암호화폐를 공급하는 모델이다. 이것이 바로 중앙은행 디지털화폐이다.

'중앙은행 디지털화폐(CBDC, Central Bank Digital Currency)'는 각국의 중앙은행이 블록체인 등 분산원장 기술을 활용해 전자 형태로 발행하는 화폐를 뜻한다. 비트코인이나 이더리움 등 암호화폐와 달리 각국 중앙은행이 발행하며 현금처럼 가치 변동이 거의 없다. 액면 가격이 정해져 있고 기존 법정통화와 1대1 교환도 가능하기에 '법정 디지털화폐'라고도 불린다.

CBDC의 사용이 활성화되면 여러 가지 장점이 있다.
무엇보다도 국가에서 만들고, 국가에서 공인한 자산이라는 장점이 있다. CBDC는 비트코인 같은 암호화폐와 달리 중앙은행이 발행하며 기존 통화와 가치가 연동된다. 따라서 현금처럼 가격 변동이 적고 안정적인 가치를 지니기에 현금에 준하는 안전한 자산이 될 수 있다. 또 여타 가상화폐처럼 투기 자산이 될 가능성이 거의 없으며 국가의 감독 아래 있기에 투명하고 안정적인 거래가 가능하다.

둘째, 실물화폐를 발행할 필요가 없어 관리비용을 줄일 수 있다는 장점이 있다. CBDC는 디지털 장부인 블록체인으로 관리된다. 그런 만큼 화폐 위조의 위험이 사라진다. 지폐와 동전에 비해 금융 거래의 안정성도 대폭 높일 수 있다. 또 중앙은행은 CBDC를 개인과 기업에 직접 나눠줄 때 은행을 거치지 않아도 된다. 이 때문에 CBDC가 활성화되면 현금 유통과 거래 비용을 크게 절감할 수 있을 것으로 기대된다.

셋째, 암시장을 줄이거나 자금 세탁을 방지하는 효과를 거두는 장점도 있다. 중앙은행은 CBDC를 통해 개인의 금융 거래를 거의 빠짐없이 확인할 수 있다. 이는 CBDC의 경우 어떤 방식으로 거래하든 기록이 무조건 장부에 남기 때문이다. 따라서 지하경제를 조성하거나 비밀 거래를 할 수 없기에 암시장을 줄이거나 자금 세탁을 방지하는 효과가 있다. 즉 모든 거래 상황을 정부가 실시간으로 감시한다면 경제범죄를 방지할 수 있다.

하지만 CBDC 활용에 따른 우려와 문제점도 있다. 무엇보다도 큰 문제는 CBDC가 개인의 사생활을 통제하는 이른바 '빅브러더(Big Brother)' 도구로 전락할 위험이 있다는 것이다. 중앙은행이 CBDC를 매개로 개인의 자금 흐름을 추적하며 국민의 경제활동 전반을 감시할 수 있다. 또 개인의 거래 내역을 다 들여다볼 수 있기에 개인정보 침해의 위험성이 따른다. 이에 민주주의 국가조차도 영장이 없는 계좌 조회 같은 위법을 저지르지 않는다는 보장이 없고 더구나 중국처럼 감시가 일반화된 나라에서는 마음대로 들여다 볼 수 있다.

그리고 CBDC와 결제시스템이 몰리는 중앙은행이 사이버테러 공격을 받으면 자칫 금융시스템 전체가 붕괴할 위험이 있다. 또한, CBDC가 활성화되면 노인 등 정보기술(IT)에 어두운 계층은 금융 서비스에서 소외되는 현상이 심화될 것이란 우려도 있다. 현금 사용에 익숙한 노인·장애인 등 취약계층, 핀테크(FinTech) 접근성이 떨어지는 오지 주민 등 금융 소외층은 디지털화폐의 사각지대가 될 것이다.

은행의 자금 조달 기능이 크게 약화될 수도 있다. 개인이 CBDC를 전자지갑에 직접 보관하는 만큼 요구불 예금 등 은행권 수시 입출금 및 단기예금 계좌를 사용할 유인이 줄기 때문이다. 자금 조달 기능이 약해지면 은행의 대출 여력은 줄어들 수밖에 없다. 그만큼 대출금리가 높아지고 신용도가 높은 개인과 기업만 대출을 받게 되는 상황이 벌어질 수 있다. 이에 따라 서민, 자영업자, 중소기업 등의 대출 문턱은 더 높아질 가능성이 크다.

이처럼 제도 도입에 따른 문제점이 없지 않지만 디지털 시대에 걸맞은 여러 가지 장점을 보유한 CBDC는 멀지않아 기존 법정화폐를 대체할 것이라는 전망 아래 세계 각국 정부와 기업의 개발 경쟁이 치열하다.

메타(Meta)의 전신인 페이스북(Facebook)은 2019년 6월 암호화폐 '리브라(Libra)' 발행 계획을 공식 발표했다. CEO인 마크 저커버그(Mark Zuckerberg)는 "Libra의 목표는 전 세계를 대상으로 지금보다 더 간편한 금융 인프라를 도입하는 것이다. 수십억 명의 사람이 무료에 가까운 비용으로 마치 페이스북 앱에서 메시지를 공유하듯 손쉽게 자금을 주고 받을 수 있게 될 것이다."라고 말했다. Libra는 기존 일부 가상화폐들의 약점인 과도한 가치 변동성 문제를 해결하기 위해 스테이블코인 형태로 운영될 예정이었다. 또 세계 주요국 화폐, 은행 담보금, 단기 국채 등에 가치를 연동시킬 방침이었다.

페이스북은 자체 블록체인시스템을 개발하는 등 Libra 출범에 앞서 1년 가량 준비했다. 2018년 5월 블록체인 담당 부서를 신설하고 2019년에는 블록체인 스타트업 체인스페이스(Chainspace)를 인수했다. 그리고 비자와 마스터카드를 비롯한 기존 신용카드 업체와 전자결제시스템 업체 페이팔, 차량 공유업체 우버 등 28개 주요 업체들을 이 프로젝트에 참여시켰다. 또 2019년 5월에는 Libra를 관리 감독하기 위한 독립 기관인 '리브라협회(Libra Association)'를 스위스에 세웠다.

당시 세계 주요 언론과 기업들 그리고 암호화폐 생태계에서는 세계 최대 소셜네트워크서비스(SNS) 업체인 페이스북의 가상화폐 발행이 글로벌 금융시장과 통화정책에 커다란 변화를 가져올 것으로 내다봤다. 저렴한 수수료 비용을 앞세워 해외송금 수요도 상당 부분 흡수할 것으로 내다보았다. 또 30억 명에 가까운 페이스북 생태계 참여자들이 모두 이 가상화폐로 돌아서게 될 수 있을 것으로 전망하기도 했다.

하지만 세계 각국 정치권과 금융권에서는 우려의 목소리가 컸다. 특히 미국 정부와 세계 주요 국가 중앙은행, 정치인들은 페이스북의 Libra가 기존 통화시스템을 붕괴시키고 자금 세탁이나 마약 거래와 같은 범죄에 악용될 우려를 내세우며 반대하였다. 결국 Libra 발행 구상은 미국 의회의 반대로 축소되거나 중단되고 말았다. 이는 기축통화 달러패권에 대한 도전이 얼마나 어려운지를 보여준 단적인 사례라 하겠다.

정부 차원의 개발 경쟁은 더욱 현실적이다. 국제결제은행(BIS)의 관련 실태 조사에 응한 65국 중앙은행 가운데 86%가 CBDC에 대한 연구와 검증을 진행하고 있다고 응답했다. 현재 CBDC를 정식으로 통용하는 나라는 바하마, 나이지리아, 동 카리브해 7국 연합 등이다. 하지만 이런 나라들은 온라인 지급 결제 능력이 부족해 대안으로 사용하는 성격이 강하다. 주요 국가 중에서는 중국이 앞서가고 미국, EU 등 선진국이 뒤쫓아가는 형국이다.

중국은 2014년부터 디지털화폐 연구를 해왔으나 더욱 가속한 계기는 페이스북의 Libra 도입이었다. 중국은 Libra가 사실상 미국 달러와 마찬가지라고 간주하였다. 이에 각국 중앙은행들이 Libra 도입에 반대 압력을 가한 것과 달리, 중국은 자체 디지털화폐 발행에 오히려 속도를 냈다. 이후 중국은 세계 최초로 디지털화폐를 실제 상거래에 사용하는 실험을 진행하게 된다. 나아가, 일부 주변국들과 협조하며 국경을 넘나드는 지급 결제시스템도 시험 중인 것으로 알려졌다. 중국에서는 CBDC를 '디지털화폐 전자결제(DCEP, Digital Currency Electronic Payment)' 혹은 디지털위안화(e-CNY)로 부르고 있다.

2020년부터는 선전(深圳), 장쑤(江苏), 슝안(雄安), 청두(成都) 등 10개 지역에서, 그리고 2022년 베이징 동계올림픽 현장에서도 디지털위안화를 시험적으로 사용하기 시작했다. 이후 시범 사용 지역은 17개 성(省) 및 시(市)의 26개 도시 지역으로 확대되었다. 특히, 중국 각지에서 공무원 임금을 디지털위안화로 지급하는 결정을 하면서 향후 디지털위안화 사용 지역과 범위는 한층 더 확대될 것으로 전망되고 있다. 아울러 자본과 기술 역량을 갖춘 상업은행을 디지털위안화 2차 운영기관으로 선정하였다. 지금까지 6대 국유은행과 자오상은행(招商银行), 싱예은행(兴业银行), 웨이중은행(微众银行), 왕상은행(网商银行)이 운영기관으로 지정되었다.

중국이 다른 나라에 앞서 CBDC 개발에 뛰어든 것은 디지털경제를 선점하기 위해서다. 하지만 이것이 전부는 아니다. 진짜 의도는 달러 중심의 기존 국제 금융결제시스템에서 벗어나는, 즉 달러패권에서 독립하기 위해서이다. 나아가 2008년 이후 지속적으로 추진해온 위안화 국제화의 한 방편이기도 하다. 즉 자본 자유화에 따른 자본 유출 걱정 없이 위안화 국제화를 추진해 나갈 수 있다는 것이다. CBDC는 실명으로 거래되기에 거래 추적이 가능해 중국 내국인들의 불법 자본 유출을 방지할 수 있다.

또 일대일로(一帶一路) 사업 등 정부 간 대외거래에서도 디지털위안화를 사용함으로써 국제통화로서의 위상을 강화할 수 있다. 이와 함께 알리바바, 텐센트 등 중국의 빅테크(Big-Tech) 기업들이 장악한 디지털 결제시장을 정부가 회수하기 위한 목적도 있다.

이처럼 중국이 디지털위안화 발행에 속도를 내자 이에 자극을 받은 서방국가들도 디지털화폐 연구를 위해 뭉치게 되었다. 2020년 1월 국제 결제은행(BIS)과 일본, 유럽, 영국, 스웨덴, 스위스, 캐나다 등 주요 6개국 중앙은행은 중국의 디지털위안화(e-CNY)와 페이스북의 암호화폐 Libra 등이 실제로 사용될 경우 기존의 기축통화 위상이 하락할 수 있다고 보고, 디지털화폐 공동 연구에 착수했다.

얼마후 그간 CBDC 발행 필요성이 없다는 견해를 피력해 왔던 기축통화국인 미국도 방침을 바꾸어 공동연구팀에 합류하였다. 특히, 제롬 파월(Jerome Powell) 미국 연방준비제도(Fed) 의장은 2020년 2월 상원 은행위원회에서 주요국 중앙은행이 디지털화폐 연구를 진행 중이며, Fed가 CBDC 연구에서 주도적인 역할을 수행해야 한다고 발표했다.

이는 발행 여부와 관계없이 향후의 CBDC 국제표준 관련 규제 및 제도 제정 등에서 주도적인 역할을 수행하기 위해 관련 기술, 발행 및 감독, 정책 개발 등을 폭넓게 연구하겠다는 것이다. 마크 저커버그 페이스북 대표가 2019년 10월 미 하원 청문회에서 증언한 중국의 디지털화폐 시장 주도가 가져올 미국과 달러의 영향력 약화 우려에 대한 목소리가 Fed의 결정에 영향을 미쳤다는 해석이 나온다.

한국은행도 2018년 CBDC 공동연구 TF를 발족시켰다. 또 2021년 9월~2022년 6월까지 모의실험 연구를 진행한 데 이어, 2022년 7~12월 5개월 동안 금융기관과의 연계실험을 진행하였다. 2023년 5월에는 테스트 결과가 실제 환경에서 정상 작동에 성공했다고 밝혔다. 그러나 한국은행은 현재로서는 CBDC를 실제로 발행할 계획이 없다며 신중한 태도를 보이고 있다. 그러면서도 CBDC를 연구하는 전담팀을 만들고 실험을 전개하는 이유는 다른 나라들이 CBDC 체제로 급속하게 전환할 가능성에 대비하기 위해서라고 한다.

이처럼 세계 각국은 CBDC 도입에 힘을 쏟고 있다. 특히, 코로나 이후 비대면 거래가 급증하면서 온라인 시장 규모가 커지자 현금 없는 디지털경제시대 도래 시점이 더욱 빨라지고 있다. 이에 디지털화폐의 유통은 빠른 속도로 증가할 가능성이 크다.

다만, 아직은 디지털화폐의 유통이 달러 중심의 국제통화 시장에 일부 영향을 줄 수 있으나 달러의 완전 대체는 한계가 있다는 의견이 지배적이다. 모든 중앙은행이 CBDC를 도입할 것이라고 단언하기는 어려우며 실제 발행까지는 상당한 시간이 걸릴 것이라고 내다봤다. 관련 기술이 나라마다 제각각이며 국제적으로 통일된 표준이 없다는 점도 걸림돌이다. 또 중앙은행의 '빅브러더' 논란, 금융소외계층 지원과 시중은행 수익성 하락 등의 문제에 대한 해소책도 강구되어야 할 것이다.

제

7

장

세계는, 그리고 우리는?

달러패권의 시대는 저무는가?

최근 달러패권의 위세가 과거보다 상당 부분 약화된 모습을 보이면서 달러패권의 시대가 저물고 있다는 지적이 나오고 있다. 이런 우려에 전혀 근거가 없는 것은 아니다. 미국의 세계 경제 위상이 과거보다는 많이 못 미칠 뿐만 아니라 달러의 글로벌 무역 결제와 외환 보유고에서 차지하는 비중도 하락 추세를 보이기 때문이다. 더욱이 급속한 금리 인상이 유발한 킹달러 현상과 미국의 자국 우선주의 정책 노선 등은 탈달러 현상을 심화시켰다. 특히, 페트로 달러(petro dollar)의 독점적 체제가 흔들리고 있는 것은 달러패권의 시대가 끝나가고 있는 신호라고 보는 시각도 있다.

이에 반해 중국 위안화는 국제통화로서의 위상이 빠르게 높아지고 있다. 심지어 일각에서는 위안화가 달러를 대체하는 새로운 기축통화로 부상할 가능성마저도 제기하고 있다. 이는 기본적으로 중국이 세계 제2의 경제대국으로 커진 경제력을 바탕으로 고조되고 있는 탈달러 현상을 최대한 자신에게 유리하게 활용한 덕분일 것이다. 여기에 러시아와 브라질, 사우디아라비아 등이 서방의 경제제재, 대미 관계 변화, 달러 신뢰도 하락, 중국과의 협력 강화 등을 이유로 위안화 사용을 증대시킨 데 기인한다.

이에 대해서는 크리스틴 라가르드(Christine Lagarde) ECB 총재도 2023년 4월 미국외교협회에서 경고한 바 있다. "새로운 국제 지도가 그려지고 있습니다. 일부 국가는 중국 위안화나 인도 루피와 같은 대체통화를 찾고 있거나 자체 결제시스템을 구축하고 있습니다. 달러의 기축통화 지위를 더이상 당연하게 받아들여서는 안 된다는 뜻입니다."

그러나 아직은 달러가 기축통화의 지위를 잃을 정도는 아니라는 것이 일반적 견해이다. 외환 보유고에서 달러 비중은 2022년 말 기준 58.4%로 여전히 과반을 웃돈다. 외환시장 거래 비중도 유로화, 엔화, 파운드화 등 주요 통화들의 영향력이 쇠퇴하는 과정에서 44.2%의 압도적 1위를 유지하고 있다. 달러 연동(peg)을 채택하고 있는 중동 산유국들이 페트로 달러(petro dollar)를 쉽게 깨뜨릴지도 의문이다. 아울러 여전히 국제통화로서의 풍부한 유동성, 환금의 안정성과 신뢰성을 보여주고 있다.

더욱이 달러를 대체할 통화는 아직 잘 보이지 않는다. 우선, 2위 기축통화인 유로는 2010년 전후로 EU의 경제 상황이 악화하면서 기축통화로 발돋움하기에 역부족이라는 사실이 여실히 드러났다. 무엇보다도 유럽중앙은행 ECB라는 단일 통화당국은 있지만 단일 재정당국이 없다는 태생적 한계가 있다. 특히 엄격한 재정준칙은 정부 부채 비율이 높은 남유럽 국가들이 독자적인 재정정책을 펴기 어렵게 하여 회원국 간 정치적 갈등을 증폭시키고 있다. 이외에도 유럽의 부채 위기, 남유럽과 북서유럽 간 빈부 격차 확대, Brexit가 촉발한 공동체 와해 우려 등은 유로화가 기축통화로 발전하는 데 걸림돌이 되고 있다.

주요 통화의 기축통화로서의 국제화 정도

지 표		달러	유로	엔	파운드	위안
국제적 사용도	외환 보유통화 사용도	●	●	△	△	△
	자본·무역 거래 사용도	●	●	△	△	△
	외환시장 사용도	●	●	△	●	△
경제력 및 금융경쟁력	경제규모	●	●	●	●	●
	무역네트워크	●	●	●	●	●
	투자적격성	●	●	●	●	●
	자본거래 개방성	●	●	△	●	×
	양적 금융심화 정도	●	●	●	●	●

* ●는 기준을 완전 충족, △는 일부 충족, ×는 불 충족/ IMF와 한국은행

엔화의 경우 오랜 디플레이션(deflation)에서 벗어나기 위해 제로금리와 양적완화를 지속해서 펼치다 보니 엔화 약세가 고착되어 있다.

더욱이 1%가 채 되지 않는 저성장률이 지속되다 보니 경제의 기초 체력이 급속히 약화되어 버렸다. 위안화 역시 최근 국제거래에서의 사용량이 증가하고 있지만 여전히 무역 거래와 외환시장에서 위안화 결제 비중은 3~4%에 불과하다.

금 또한 한정된 공급량으로 인해 날로 커지는 세계 경제 규모를 원활히 뒷받침하기 어려운 상황이다. 비트코인을 위시한 암호화폐도 기존 법정화폐를 대체하는 데는 한계가 있다. 내재가치가 없어 가격이 급등락하는 롤러코스터(roller coaster) 현상을 나타내고 있다. 또 투기 붐 등의 부작용을 우려한 각국의 규제 강화 조치로 성장에 제약이 있다. 여기에 장점으로 여겨진 발행량 제한도 이제는 금처럼 오히려 제약요인으로 작용하고 있다.

암호화폐의 대안으로 만들어진 중앙은행 디지털화폐 CBDC의 영향력은 기본적으로 그 원천이 되는 법정화폐가 어떤 위상을 지니느냐에 좌우된다. 다시 말해 위안화의 위상이 높아져야만 디지털위안화(e-CNY)의 위상도 높아지게 된다는 뜻이다. 더욱이 CBDC는 사생활 보호 문제와 감시에 악용될 수 있다는 부작용이 있어 미래를 장담하기 어렵다.

결론적으로 달러패권이 흔들린다는 우려는 많이 과장됐다는 시각이 우세하다. 기축통화가 되려면 거래가 쉽고 세계 경제에 충분한 통화 유동성을 공급해 줄 수 있어야 하며 해당 국가의 금융정책이 투명하고 예측 가능해야 한다. 그런데 이런 요건을 모두 갖춘 국제통화는 아직 달러가 유일하다.

이런 시각은 주요 인사의 언급에서도 나타나고 있다. 투자의 신이라 불리는 워렌 버핏(Warren Buffett)은 버크셔 해서웨이 연례 주주총회에서 "달러는 기축통화다. 나는 달러를 대체할 다른 통화가 있다고 보지 않는다"(We are the reserve currency. I see no option for any other currency to be the reserve currency.)라고 말했다.

또 노벨 경제학상을 수상한 폴 크루그먼(Paul Krugman)은 'What's Driving Dollar Doomsaying?'이라는 제목의 뉴욕타임스(NYT) 기고문에서 "달러 지배력은 위기에 처하지도 않았지만 설사 위기에 처한다고 해도 달러 지배의 효과를 면밀히 살펴보면 터무니없이 과장돼 있다. 달러 위기론은 무시해도 좋다."(Even if you believe that the dollar's dominance is in imminent danger- which you shouldn't- a look at what that dominance actually entails makes it clear that the importance of controlling the world's reserve currency is greatly overrated. So ignore all the dollar doomers out there.)라고 했다.

여기에 미국은 달러라는 기축통화뿐만 아니라 영어라는 기축언어도 지니고 있어 시너지를 발휘하고 있다. 미국과 영국의 모국어인 영어는 현실 세계에서도 그렇지만 컴퓨터와 IT(Information Technology)를 기반으로 하는 디지털세계에서도 세계 공용어가 되어있다. 영어는 세계에서 통용 범위가 가장 넓은 언어이자 가장 강력한 영향력을 발휘하고 있는 언어라 할 수 있다. 이공계 자연과학은 물론이고 경제학과 경영학 등의 사회과학, 그리고 인문학에 이르기까지 논문 등 고급 정보들의 상당수는 영어로 되어있다. 또 모든 국제 상거래에 필요한 계약서와 이행보증서도 한결같이 영어로 작성되고 있다.

여기에 정보화 시대가 도래하면서 온갖 정보들이 국경선을 넘어 영어로 표기된 인터넷을 통해 쏟아져 나오고 있다. 따라서 영어를 모르면 인터넷에서 얻을 수 있는 정보가 크게 제한될 수밖에 없다. 그러니 세계 다수의 사람들이 영어 구사 능력 향상을 위해 시간과 비용을 지불하고 있으며 미국은 이 과정에서도 적지 않은 이득을 챙기고 있다.

2* 위안화가 달러를 넘어서기 어려운 이유

작금의 세계 경제 전쟁터에는 달러패권에 대한 도전이 거세다. 그 중심엔 중국이 있다. 중국은 거대한 경제력을 무기로 무역 거래 상대방 국가들에게 위안화 결제를 종용하고 있다. 이런 행태는 일대일로(一帶一路) 사업 추진과정에서 잘 나타나고 있다. 아울러 BRICS 국가를 위시해 반미성향 국가들과의 세력 규합을 통해서도 위안화 사용을 늘려나가고 있다.

2022년부터 러시아와 브라질, 사우디아라비아 등 미국과 척을 지고 있는 국가들은 대외거래에 위안화 사용을 늘리고 있다. 러시아는 우크라이나 침공으로 서방의 금융제재를 받게 되자 달러와 유로 대신 위안화를 선택하였다. 푸틴 러시아 대통령은 "러시아, 아시아, 아프리카, 라틴아메리카 국가 간 거래에서 위안화 사용을 지지한다"고 하면서 위안화 사용량을 늘려나갔다.

브라질도 위안화와 헤알화를 이용한 거래를 늘리기로 했다. 룰라 브라질 대통령은 "왜 우리는 자국 통화로 무역할 수 없는가? 달러가 세계무역을 지배하는 상황을 끝내야 한다."라고 말했다. 또 최근 미국과의 관계가 소원해진 사우디아라비아는 원유 결제에 위안화 사용을 늘리기로 중국과 합의하면서 굳건했던 '페트로 달러' 체제에 균열이 가고 대신 '페트로 위안'이 부상하는 형국이다.

중국은 2008년 글로벌 금융위기 이후부터 위안화 기반의 대외거래를 확대하려는 움직임을 펼쳐왔다. 위안화의 자유로운 환율 변동 폭 확대, 위안화의 글로벌 결제시스템 CIPS 구축 등을 그 예로 들 수 있다. 여기에 2016년 IMF의 특별인출권인 SDR에 편입됨으로써 사실상 국제 사회로부터 기축통화의 하나로 인정받게 되었다. 더욱이 편입 비중은 점차 더 늘어나고 있다.

이런 노력에 힘입어 위안화가 세계 외환시장에서 차지하는 비중은 2001년 0%에서 2022년 3.5%로 올라섰고 앞으로 더 늘어날 것으로 보인다. 같은 기간 동안 외환 보유고 준비통화에서의 비중도 0%에서 2.7%로 늘어났다. 그리고 위안화로 무역결제를 하는 국가 수가 100여 개에 달하고 있다. 앞으로 위안화로 무역결제를 하는 국가 수와 사용 금액 규모가 더 많이 늘어날 것으로 보인다. 중국은 세계 최대의 수출국이며 수입은 미국에 이어 세계 2위를 차지하는 무역대국이기 때문이다.

세계 수출입 순위

순 위	수출 점유율(%)	순 위	수입 점유율(%)
1	중국(14.6%)	1	미국(12.9%)
2	미국(8.4%)	2	중국(10.8%)
3	독일(6.7%)	3	독일(6.2%)
4	네덜란드(3.9%)	4	네덜란드(3.6%)
5	일본(3.0%)	5	일본(3.6%)
6	이탈리아(2.7%)	6	영국(3.2%)
7	프랑스(2.5%)	7	인도(2.9%)
8	홍콩(2.5%)	8	이탈리아(2.7%)

* 2022년 기준

이처럼 위안화가 최근 들어 국제통화로서 그 위상이 높아지고 있다. 그러나 꽤 오랜 시간이 지나도 위안화가 기축통화로 자리하기는 어려울 것이라는 게 대다수 전문가의 견해이다. 한 나라의 통화가 기축통화가 되려면 거래가 쉽고 거래량이 많아야 한다. 또 해당 국가의 금융정책이 투명하고 예측 가능해야 하지만 위안화는 이런 조건을 충족시키지 못한다. 트리핀 딜레마도 감수하기 어려울 것이다. 이를 좀 더 구체적으로 알아보자.

첫째, 위안화가 기축통화로 부상하기 어려운 가장 크고도 근본적인 문제점은 아직도 정부가 경제활동과 금융 거래를 자의적으로 규제한다는 것이다. 다시 말해 시장 논리에 따른 자유로운 거래와 법의 지배라는 원칙이 정착되어 있지 않다. 이를 개선하려면 정보 공개를 확대하고 정부 시스템과 금융시장의 투명성을 확보해야 하지만 중국의 정책상 그런 변화를 기대하기는 쉽지 않을 것이다.

알리바바(Alibaba)의 창업자 마윈(馬雲)이 입은 경제적 손실은 대표적 사례이다. 마윈은 금융 부문 자회사 앤트그룹(Ant Group)을 통해 중국 금융의 전면 혁신에 본격적으로 나섰다. 2020년 10월에는 "당국의 '전당포'식 사고방식은 향후 30년 세계 발전에 필요한 금융을 뒷받침할 수 없다" 등의 발언을 쏟아내며 당국의 금융규제를 공개 비판하였다. 이후 앤트그룹의 기업공개(IPO) 절차를 전격 중단당하는 등 시진핑 정부로부터 고강도 제재를 받게 되었다. 그 결과 마윈은 자신의 기업이 분할되거나 경영에서 손을 떼게 되었고 보유재산도 전성기의 절반에 못 미치는 300억 달러에 이를 것이라는 관측이 나왔다.

이와 함께 이례적으로 높은 수준의 기업 채무와 그 배경에 있는 부동산 리스크(risk)를 중국 당국이 어떻게 해결해 나갈지에 대한 의문 또한 중대한 걸림돌이다. 2021년에 시작되어 아직도 지속되고 있는 헝다(恒大, Evergrande) 사태는 단적인 예이다. 이는 중국 최대의 부동산 업체인 헝다그룹이 문어발식으로 사업을 확장하다가 정부의 강력한 부동산 대출 규제로 자금난에 빠져 파산 위기에 처한 상황을 말한다.

사실 헝다는 빚을 내어 덩치를 불린 수많은 중국 기업의 하나일 뿐이다. 그래서 앞으로 제2, 제3의 헝다가 계속해서 나올 공산은 매우 크다. 여기에 부동산은 완전한 소유가 불가능하고 규제도 불투명한 관계로 부유층은 물론 중산층조차 해외로 자산을 이전하려는 성향이 강한

실정이다

둘째, 금융시장 역시 해외에서 안심하고 투자할 수 있는 환경이라고 보기 어렵다. 중국의 실물경제 규모는 GDP 비중이 세계 전체의 18.3%로, 25.4%를 차지하는 미국을 곧 따라잡을 기세를 나타내고 있다. 그렇지만 이를 뒷받침하는 금융시장 발전의 측면에서는 여전히 국제 기준에 크게 뒤떨어져 있다는 평가를 받고 있다. 우선 환율 결정 시스템이 투명하지 않다. 아직도 환율 결정에 정부가 개입하는 정도가 지나쳐 앞으로도 환율 조작국으로 지정될 우려가 계속되고 있다. 또 금리나 환율, 주가 등 시세 변동에 따른 위험에 대비할 수 있는 다양한 파생상품이 제대로 갖춰져 있지 않다.

자본시장에 대한 정부 통제는 더 심하다. 더욱이 자본 유입은 느슨하게, 자본 유출은 엄격하게 제한하는 비대칭적 통제를 하고 있다. 이런 상황에서는 위안화가 기축통화는 물론 국제통화로도 발돋움하기 어렵다. 이는 중국이 야심차게 개발 중인 디지털위안화(e-CNY)라고 해서 다를 바가 없다.

더욱이 지방 개발 과정에서 대폭 늘어난 '그림자 금융(shadow banking)' 문제도 심각하다. '그림자 금융'이란 은행과 비슷한 신용 중개 기능을 하면서도 은행처럼 엄격하게 건전성 규제를 받지 않는 금융기관과 금융상품을 통틀어 일컫는 말이다. 특히 이런 '그림자 금융'을 많이 활용하고 있는 지방정부의 채무 투명성이 낮아 채무가 얼마인지를 파악하기도 어려운 실정이다. 향후 경기가 하강국면으로 진입할 경우 그림자 금융은 부실폭탄의 재앙으로 작용할 가능성도 없지 않다. 아울러 이 채무 문제를 해결하는 동안 중국은 장기간 저성장에 빠질 우려도 매우 크다.

셋째, '트리핀 딜레마(Triffin's dilemma)'도 수용하기 어려운 실정이다. 트리핀 딜레마는 기축통화의 태생적 모순이자 기축통화국의 고통이다. 위안화가 기축통화가 되려면 중국은 지속적인 경상수지 적자를 감수하면서 국제 사회에 위안화란 유동성을 널리 공급해야 한다. 그러나 제조업 비중이 크고 수출 의존도가 높은 중국이 전 세계 국가들이 필요로 하는 만큼의 위안화를 공급할 정도로 막대한 경상수지 적자를 감내할 수 있을지는 의문이다. 현실적으로 이를 감당하기란 거의 불가능할 것이다.

끝으로 중국경제가 앞으로도 이전과 같은 높은 성장세를 지속해나갈지 여부도 의문이다. 코로나 사태 이후 세계 경제는 중국의 본격적인 경제활동 재개, 즉 리오프닝(reopening)에 거는 기대가 컸다. 중국은 2008년 금융위기를 비롯해 글로벌 경제위기 때마다 구원투수 역할을 해왔기 때문이다. 그러나 현실은 그렇지 못하고 제대로 활기를 되찾지 못하고 있다. 문제의 심각성은 최근의 경제 부진이 일시적 현상이 아닌 구조적 요인에 의한 것이라는 분석에서 비롯된다.

소비자 지출이 부진하고 부동산 시장이 흔들리고 있으며 지방정부의 부채는 나날이 치솟고 있다. 인구가 감소하고 도시화율 진행이 둔화함에 따라 중국의 주택 수요를 견인하는 구조적 요인이 흔들리고 있기 때문이다. 또 빈부 격차를 줄이겠다는 취지에서 비롯된 '공동부유 (共同富裕)'의 정책이념은 투자 제약요인이 되고 있다.

여기에 미국의 '디리스킹(derisking)' 정책 추진에 따른 수출 감소와 20%를 넘는 기록적인 수준의 청년 실업률도 문제다. 생산자물가지수 (PPI)가 하락하면서 디플레이션 가능성도 커지고 있다. 자칫하다가는 과거 일본이 부동산과 주식시장의 거품이 꺼진 후 경험한 '잃어버린 30년'의 악몽이 덮칠 우려마저도 없지 않다. 이런 상황이 현실화될 경우 미국의 경제력을 추월하기란 불가능해지고 위안화 패권의 꿈도 물거품이 될 것이다.

홍콩 중문(中文)대학교에서 석좌교수를 지낸 랑셴핑(郎成平)은 「누가 중국경제를 죽이는가」라는 책에서 다음과 같이 기술하였다. "지난 30여 년간 중국은 경제면에서 고도의 성장을 유지해 세계 2위의 경제대국이 됐다. 그러나 환경 오염, 자원 낭비, 인권 억압, 민주와 자유에 대한 탄압, 세계의 보편적 가치관 미흡 등 후진적인 경제사회 구조는 여전히 중국을 선진경제로의 비상을 방해하고 있다. 문명의 전환기라고 하는 지금, 낡은 관념을 버리고 기존의 틀에서 뛰쳐나와 미래 관점에서 민주, 자유, 인권 신장을 경제 발전과 함께 추진해 나가야 중국은 진정한 선진 경제대국이 될 수 있을 것이다."

비록 10년 전의 이야기이지만 지금도 달라진 것은 별로 없는 것 같다.

3* 격랑의 파고를 헤쳐 나갈 우리의 전략

향후 기축통화를 두고 확산될 미국과 중국 간의 패권전쟁으로부터 한국은 자유롭지 못하다. 이는 양국이 세계 최대의 경제강국들이면서 또 우리나라 1~2위의 대외거래 파트너이기 때문이다. 이들 양국의 통화 가치 변동은 자연히 우리나라 환율과 수출에 영향을 미칠 것이고, 외환 보유고 구성 등 외환 정책, 그리고 해외투자와 외국인 투자유치 등 자본수지에도 영향을 주게 된다. 이와 함께 최근 위상이 커지고 있는 금과 암호화폐, 디지털화폐의 향방 또한 우리 경제와 원화의 앞날에 커다란 영향을 끼치게 될 것이다. 그러면 과연 이러한 소용돌이 속에서 살아남기 위한 우리의 전략적 대처방안은 무엇일까?

기본적으로는 원화의 내재가치인 우리의 경제력을 키워나가야 한다. 다시 말해 경제의 펀더멘탈을 튼튼히 해야 한다는 것이다. 이를 위해서는 기술력을 강화하고 경제사회시스템을 혁신해야 한다. 향후 세상을 바꿀 게임체인저(game changer)는 과학기술이다. 특히 인공지능 (AI), 생명공학, 양자역학, 반도체, 우주 개발 관련 기술 분야가 그러하다. 이는 최근 챗GPT가 불러온 사회적 파장에서도 여실히 드러난다. 기술 하나가 세계 전체의 인력시장 구조와 산업 판도를 송두리째 바꾸어 놓고 있음을 실감하고 있다. 현재 벌어지고 있는 반도체 전쟁 또한 결국은 기술패권 경쟁에서 비롯된 것이다.

이 기술력 강화를 위해서는 인재 육성이 뒷받침되어야 한다. 구글 (Google)의 선다 피차이, 마이크로소프트(Microsoft)의 사티아 나델라를 위시한 미국 실리콘밸리(Silicon Valley)의 주요 CEO들이 인도 공과대학교(Indian Institute of Technology) 출신이라는 점은 우리에게 좋은 귀감이 된다. 우리의 경우 지금과 같이 좁은 고급 기술 인재풀(pool)과 연구 인프라 부족 등의 문제를 해결하지 못한다면 첨단기술의 선점은 영원히 불가능할 것이다.

그러기에 한시바삐 이공계 고급 인재를 대폭 키우는 프로그램을 마련해야 한다. 대학교육의 방식도 창의력을 키우는 데 역점을 두는 한편 산업현장과의 연계를 강화해야 한다. 또 기술력과 아이디어를 지닌 스타트업(startup)들을 육성해야 한다. 그리고 경쟁국에서 우리 전문인력과 고급 기술을 빼돌리는 행태에도 적극적으로 대처해 나가야 한다.

이와 함께 경제사회시스템을 혁신해 나가야 한다. 4차 산업혁명 시대의 키워드(key word)는 연결과 융합이다. 지금은 단독으로는 힘을 발휘하기 어려우며 모든 것이 융합되어야만 시너지를 내거나 또 다른 독창적 산물이 탄생할 수 있는 시대이다. 그리고 연결의 의미는 인간과 인간을 넘어 인간과 사물(AI), 사물과 사물의 연결(IoT)로까지 확대되고 있다. 또 온라인(Online)과 오프라인(Offline)이 실시간으로 연결되며 현실과 사이버(Cyber) 세계가 연결되고 있다. 이를 제대로 뒷받침하기 위해서는 조직의 의사결정 구조와 거버넌스(governance)를 기존의 수직적·권위적 구조에서 수평적·협력적 구조로 바꾸어 나가야 한다.

한편, 경제 기초 체력 강화에 버금가는 주요 전략은 각 경제 주체들이 장기적 시야를 지니고 시대의 구조적 변화에 대비하고 능동적으로 대응해 나가는 것이다.

우선 정부는 대외 정책에서 균형을 유지해야만 한다. 다시 말해 대외 정책을 추진해 나감에 있어 중국의 위상이 높아지는 점을 고려할 필요가 있다는 뜻이다. 2022년 기준 우리나라 수출 가운데 중국 22.8%와 아세안 18.3%의 비중이 미국 16.1%와 일본 4.7%보다 높다. 경제 규모도 중국을 위시한 브릭스 국가들이 G7보다 점점 더 커지고 있다. 이러한 경제의 흐름을 십분 감안해서 앞으로의 대외경제정책을 추진해 나가야 한다. 또 시장 다변화 차원에서 유럽과의 교역 규모도 증대시켜 나가야만 한다.

다만, 우리의 경우 지정학적 특성상 안보문제도 동시에 고려해야 하는 점은 걸림돌이 된다. 특히, 최근 들어 우리의 최대 동맹인 미국은

편 가르기 전략을 노골적으로 구사하고 있다. 그 결과 우리는 미국과의 안보동맹 관계를 견고히 구축하는 과정에서 과거 한한령(限韓令)에서 보듯이 중국으로부터의 경제보복을 받게 될 공산이 크다. 이래저래 우리는 운신의 폭이 좁아지고 있다. 이럴 때 일수록 더욱 세련되고 전략적인 사고에 입각한 외교역량을 펼쳐나가야 할 것이다.

이와 함께 긍정적 요소가 더 많은 원화의 국제화도 우리 경제력의 위상에 맞춰 전향적으로 추진해 나가야 한다. 우리나라는 지금껏 국제협력, 국내 제도 개혁 등을 통해 원화의 국제화를 적극적으로 추진해 왔다. 특히 역외 외환시장 허용, 국내 외환시장 개장 시간 연장, 국내 외환시장 거래 참여자 범위 확대 등을 통해 원화 거래의 시장 접근성을 높였다. 그래서 이제는 원화가 국제통화로 인정받게끔 해야 할 단계에 와 있다. 그 중요한 첫 번째 관문은 SDR 통화바스켓 편입일 것이다.

전경련이 2022년에 작성한 원화의 SDR 통화바스켓 편입 당위성에 대한 논거는 다음과 같다. 세계 5대 수출국이자 세계 10대 GDP 규모를 지닌 우리나라의 경제 위상, 자유무역을 바탕으로 최빈국서 경제 대국으로 발전한 개발 경험, 꾸준한 원화 국제화 노력과 외환시장에서 원화 거래 비중 증대 등이다. 또 원화가 SDR 통화바스켓에 편입되어 기축통화로 인정받을 경우, 우리 경제는 환율 안정에 따른 수출 증대, 국공채 금리 하락에 따른 이자 부담 경감, 시뇨리지 효과 등을 통해 최소 112.8조 원의 경제적 이득을 볼 수 있을 것으로 추산하였다.

주요국의 외환 보유고

(억 달러)

순위	국 가	외환 보유고	순위	국 가	외환 보유고
1	중 국	31,839	6	대 만	5,603
2	일 본	12,571	7	사우디아라비아	4,382
3	스 위 스	8,940	8	홍 콩	4,308
4	러 시 아	5,939	9	한 국	4,261
5	인 도	5,784	10	브 라 질	3,412

* 2023년 3월 기준

한편, 한국은행은 외환 보유고에서 금이 차지하는 비중 확대 문제를 긍정적으로 검토할 필요가 있다. 이는 최근 금 가격 상승이 일시적인 현상이 아니라 장기적 추세일 가능성이 크기 때문이다. 특히 우리나라의 금 보유 비중은 외환 보유고의 1.6%에 불과해 미국을 위시한 대다수 서방 선진국들이 60% 이상에 달하는 것과 크게 비교된다. 아울러 최근 중국과 일본 등 아시아 국가들이 금 비중을 높이고 있는 점도 타산지석이 될 것이다.

외환 보유고 자체를 확충하는 문제도 전향적으로 검토할 필요가 있다. 우리나라 외환 보유고 규모는 2023년 5월 기준 4,210억 달러이다. 이를 두고 IMF에서는 적정한 수준으로 평가하고 있다. 그러나 수출 의존도가 높은 우리의 경제구조 특성상 언제 외환이 더 필요할지 모른다. 더구나 2021년 이후 우리의 외환 보유고 규모는 계속 줄어들고 있다. 최고치를 보인 2021년 11월의 4,692억 달러와 비교하면 무려 482억 달러나 급감했다. GDP 대비 외환 보유고 비율도 23%로 세계 하위권을 나타내고 있다. 우리보다 비율이 작은 국가는 미국·중국·인도·독일 등 밖에 없다. 이런 사실은 추가적인 외환 보유고 확충을 필요케 하는 논거가 될 것이다.

외환 보유고 확충과 함께 통화스와프도 확대해 나가야 한다. '통화스와프(currency swap)'는 서로 다른 통화를 미리 약정된 환율에 따라 일정한 시점에 상호 교환하는 외환 거래다. 환율과 금리 변동에 따른 위험(risk)을 헤징하거나 외화 유동성 확충을 통해 외환시장 안정을 기하기 위해 사용한다. 우리나라는 현재 중국, 스위스, 캐나다, 호주, 인도네시아, 말레이시아, 튀르키예, UAE 등 8개국과 협정을 맺고 있으며 일본과도 새로이 추진 중이다. 그러나 미국과는 협정이 종료된 상태다.

따라서 미국과의 협정 체결 노력을 강화할 필요가 있다. 이에는 일반 통화스와프는 물론, 상설통화스와프도 포함된다. 일반 통화스와프는 금융위기 같은 비상시국에 기본 6개월 단위로 체결된다. 과거 우리나라는 수차례에 걸쳐 미국과 일반 통화스와프를 체결했으며 마지막 건은 2021년 6월~12월까지 팬데믹 기간에 이루어졌다. 상설통화스와프는 무제한·무기한·무이자의 통화스와프로 현재 EU·일본·스위스·영국·캐나다 등 5개 국가만 유지하고 있다. 이들은 모두 경제강국 내지 통화강국들이다. 우리가 미국과의 상설 통화스와프 체결국가가 되려면 적어도 원화의 SDR 바스켓 편입이 선행되어야 할 것이다.

암호화폐와 중앙은행 디지털화폐(CBDC)에 대한 연구와 활용에도 더 전향적이어야 한다. 이의 한 방편으로 한국은행도 국제결제은행 (BIS)이 주도하는 디지털화폐 연구팀에 합류할 수 있도록 해야 한다. 이들이 기존 법정화폐를 완전히 대체하기는 어렵겠지만 보완적 역할은 충분히 할 수 있기 때문이다. 아울러 달러를 위시한 주요 기축통화국 지위를 가진 나라들이 CBDC 체제로 급속하게 전환할 가능성에 대비하기 위해서도 그러하다. 특히 암호화폐가 가져올 시장 혁신, 분권화와 민주화 등은 분명히 제고되어야 할 부분이다. 더욱이 블록체인 기술은 인공지능(AI) 시대를 열어나갈 핵심기술로 기대되고 있는 만큼 블록체인 생태계 활성화에 더 많은 힘을 기울여야 할 것이다.

기업과 개인들도 적극적인 리스크 관리에 나서야만 한다. 기업은 수출시장 다변화와 외환 거래의 변화에 적극적으로 대응해 나가야 한다. 멀지 않은 시기에 중국은 한국 상품을 수입하면서 달러 대신 위안으로 결제할 가능성이 없지 않기 때문이다. 이와 함께 개인의 투자자산 운용 포트폴리오(portfolio)도 과도한 미국 편중에서 벗어나 다원화하는 것이 투자 수익률 제고와 리스크 관리 측면에서 바람직할 것이다.

격랑의 통화패권 전쟁

달러의 시대는
저무는가?

발행일 : 2023년 8월 18일

지은이 : 이철환

펴낸이 : 김태문

펴낸곳 : 도서출판 다락방

주 소 : 서울시 서대문구 북아현로 16길 7 세방그랜빌 2층

전 화 : 02) 312-2029

팩 스 : 02) 393-8399

홈페이지 : www.darakbang.co.kr

값 16,500원

ISBN 978-89-7858-111-0 03320